Hans Peter Roentgen

Vier Seiten für ein Halleluja

Vier Seiten für ein Halleluja

Ein etwas anderer Schreibratgeber für Autorinnen und Autoren

von

Hans Peter Roentgen

CHARLES
VERLAG

Roentgen, Hans Peter: Vier Seiten für ein Halleluja - ein etwas anderer
Schreibratgeber für Autorinnen und Autoren
Hamburg, Charles Verlag 2024

1. Auflage
ISBN Print: 978-3-910408-08-1

Dieses Buch ist auch als E-Book erhältlich und
kann über den Handel oder den Verlag bezogen werden.

ISBN E-Book: 978-3-910408-09-8
Umschlaggestaltung: Charles Verlag, Hamburg
Umschlagfoto: www.freepik.de

Bibliografische Information der Deutschen Nationalbibliothek:
Die Deutsche Nationalbibliothek verzeichnet diese Publikation
in der Deutschen Nationalbibliografie ; detaillierte bibliografische
Daten sind im Internet über http ://dnb.d-nb.de abrufbar.

Der Charles Verlag ist ein Imprint der
Bedey & Thoms Media GmbH,
Hermannstal 119k, 22119 Hamburg

---

http ://www.charlesverlag.de

Gedruckt in Deutschland

Inhalt

Vorwort 6
Vorbemerkung 9
Dackel Sherlock: Mord im Fernsehstudio 11
Personen und Helden 12
Figuren entwickeln 15
Dialoge 17
Übung 18
Fußspuren 19
Infodump 21
Übung 26
Wunschkonzert 27
Tiefer schürfen 28
Silberlicht 32
Er wusste, dass er ahnte, was er sagen würde 33
Übung 35
Kleinigkeiten 35
Marlene 36
Vorahnungen 38
Übung I 39
Erster Satz und roter Faden 40
Übung II 40
Papierkörbe 41
Der Knall 43
Spannung 45
Personen eine Stimme geben 46
Konflikt 47
Orientierung 49
Übung I 50
Übung II 51
Übung III 51
Aktiv schreiben 51
Übung IV 54
Metaphern 54
A Mage's Tale 55

Harry Potter und das Kopieren 58
Übung I 61
12 Möglichkeiten 63
Der innere Zensor 63
Zwölf ist kleiner als eins 64
Zwölf Muster 65
Übung II 66
Haben Sie zwölf Lösungen? 67
08/15-Lösungen 67
Deus ex Machina 68
Die Personen 69
Lösungen verbessern, statt verwerfen 70
Übung III 71
Zeit und Szenenfolge 74
Übung 80
Hatte und wechselnde Zeiten 81
Hände aus Licht 83
Erzählstimme 85
Übung 87
Hintergrund 89
Übung 92
Rückblende (Flashback) 96
Logik und sinnliche Wahrnehmung 98
Noch einmal: Aktiv schreiben! 99
Übung 100
Lieblingswörter 100
Beschreiben und Bilder erzeugen 104
Übung I 106
Übung II 107
Rückblende revisited 107
Wildwechsel 113
Die Angst des Autors vor dem Stoff 116
Actor's Studio 122
Übung I 124
Unbeweglich 125
Spannung aus Konflikten entwickeln 127

Übung II ... 130
Das Geständnis eines vertrauten Fremden ... 131
Es ist nicht zu begreifen ... 132
Wiederholungen ... 133
Der richtige Anfang ... 134
Übung ... 136
2050 ... 137
Plausibilität und Recherche ... 139
Übung ... 143
Der Bruder ... 144
Glaubwürdig schreiben ... 145
Der Hook ... 147
Übung ... 149
Thomas und Online in der verbotenen Zone ... 151
Kameraeinstellung und Distanz ... 154
Übung I ... 157
Adjektive und Adverbien ... 157
Übung II ... 158
Übung III ... 158
Gedanken ... 159
Lebensphilosophie ... 160
Übung ... 162
Rückblick ... 163
Über den Umgang mit Kritik ... 164
Wie finde ich einen Verlag ... 167
Zeitschriften und Newsletter ... 170
Lexikon der Fachbegriffe ... 171
Literaturhinweise ... 187

Vorwort

Vier Seiten, mehr lesen Lektoren in den Verlagen von unverlangt eingesandten Manuskripten nicht. Profis können schon nach den ersten Seiten sehen, woran ein Text krankt. Da wird zu viel erklärt, oder die Personen bleiben blass, oder der Text ist mit Adjektiven überladen oder …

Wenn eins dieser Probleme in einem Text auftaucht, wird der Verlagslektor ihn schnell beiseite legen und die Autorin oder der Autor erhält einen der beliebten, nichtsagenden Formbriefe. Denn die Probleme, die auf den ersten vier Seiten auftreten, setzen sich in aller Regel im Rest des Manuskripts fort.

Dieses Buch soll Ihnen helfen, die Schwächen Ihrer Texte zu erkennen und das Potenzial ihrer Geschichte zu nutzen. Folglich finden Sie hier keine Wundermittel und keine todsichere Methode, einen verdammt guten Roman zu schreiben, geschweige denn eine Garantie dafür, einen Verlag zu finden. Texte besser zu machen, das ist alles, was dieses Buch möchte und es zeigt, wie das geht, anhand der ersten vier Seiten unterschiedlichster Manuskripte.

Deshalb hatte ich im Winter 2006 einen Aufruf in „Federwelt“ und „Tempest“ geschaltet, Autoren mögen mir die ersten vier Seiten ihres Romans zusenden, damit ich sie auf Fehler und Probleme prüfe und Änderungen und Verbesserungen vorschlage.

Ich möchte allen danken, die meinem Aufruf gefolgt sind. Denn damit hatte ich einen Fundus von Texten, anhand derer sich typische Fehler zeigen lassen, aber eben auch, wie man sie beseitigt.

„Ist mein Text gut oder schlecht?“, das war die bange Frage vieler Einsender, die einen sprachen es direkt aus, die anderen zwischen den Zeilen. Doch gut oder schlecht sind Eigenschaften eines fertigen Textes. Die zugesandten Texte waren durch die Bank halbfertig, nutzten das

Potenzial ihrer Geschichte nur zum Teil aus. Und genau darum geht es in diesem Buch. Wie erkenne ich typische Anfängerfehler? Was kann ich tun, um sie zu beheben?

Nicht alle Texte werden in der vollen Länge von vier Seiten vorgestellt. Aber alle lange genug, dass sich das Problem zeigt. Genau daran fehlt es in Deutschland. Die Verlage klagen über die Unmenge unverlangt eingesandter Manuskripte, deren Qualität für eine Veröffentlichung nicht ausreicht.

Aber die wenigsten Autorinnen und Autoren, schon gar nicht die mit geringer Schreib-Erfahrung, können ihre Texte objektiv lesen, Probleme erkennen, geschweige denn sie beheben. Und leider gibt es in Deutschland viel zu wenig Möglichkeiten, um zu lernen, wie man eine Geschichte beurteilt und verbessert. Die meisten Handbücher beschränken sich auf Stil und Grammatik, obendrein bringen sie als Beispiele einzelne Sätze, keine zusammenhängenden längeren Texte. Und daran lassen sich Spannungsbogen und Personen nicht überprüfen, oder ob das, was erzählt wird und das, was nicht erzählt wird, in einem ausgewogenem Verhältnis steht.

Ich habe aus den Einsendungen die unterschiedlichsten Texte ausgewählt. Nicht alle Probleme eines Textes konnte ich behandeln. Darum habe ich mich immer auf das Hauptproblem beschränkt. Denn Texte werden nicht in einem Durchgang verbessert, sondern sukzessive. Erst die Personen, wenn diese zu blass sind; dann der Spannungsbogen; dann …

Eins nach dem anderen. Sonst verliert der Autor, vor allem der unerfahrene, den Überblick.

Natürlich sind meine Lösungsvorschläge genau das: Vorschläge. Oft gibt es verschiedene Möglichkeiten, ein Problem zu lösen. Auch das Schreiben hat seine Werkzeuge. Je mehr Sie in Ihrem Werkzeugkasten haben (und benutzen können!), desto besser werden Ihre Geschichten. Überlegen Sie ruhig, ob es nicht andere Lösungen für die Probleme der Texte gibt. Spielen Sie damit. Probieren Sie es aus!

Und vergessen Sie nicht: Schreiben braucht Übung.

Wie sagte der Wiener zum Preußen, der fragte, wie er zur Philharmonie komme? „Üben, üben, üben." Damit dies kein Trockenschwimmkurs bleibt, habe ich zahlreiche Übungen in den Text eingestreut, die Ihre Schreibmuskeln trainieren sollen. Und sicher schadet es nichts, wenn Sie sich bei den Beispieltexten erst einmal selbst überlegen: Was stimmt hier nicht? Wie könnte es verbessert werden?

Schreiben hat, wie alle anderen Beschäftigungen auch, seine Fachsprache. Wissen Sie, was ein Plot, ein Infodump oder narratives Erzählen ist? Was mit dem vielzitierten Satz: Zeigen, nicht behaupten (show, don't tell) gemeint ist? Für diese und andere Fachbegriffe finden Sie am Ende ein Lexikon.

Und nun: Viel Spaß mit den Texten und der Arbeit daran. Möge Pegasus Ihre Feder beflügeln.

Denn trotz allem Schweiß, trotz all der Knochenarbeit, die Schreiben eben auch ist: Manchmal und immer öfter ist es besser als Sex.

Vorbemerkung

Alle Beispieltexte wurden anonymisiert. Ich spreche überall von „Autoren“ in der männlichen Form, um Rückschlüsse auf das Geschlecht zu vermeiden. Natürlich heißt das nicht, dass die Autoren der Texte alle männlich sind. Dies gilt auch sonst bei der Verwendung männlicher Formen („Leser“ etc.).

Das Copyright der Beispieltexte liegt bei den Autorinnen und Autoren, die frei sind, diese anderweitig zu verwenden.

Rechtschreibfehler in den eingesandten Texten wurden, soweit entdeckt, korrigiert.

Dackel Sherlock: Mord im Fernsehstudio

Belinda betrat ihr Büro und setzte sich an den Computer. Als erstes öffnete sie die Homepage ihres Moderators Martin Martinson. Sie zögerte bevor sie die Newsseite anklickte. Ihr Gefühl war richtig gewesen, sie hätte es bleiben lassen sollen. Ein Foto zeigte Martin Arm in Arm mit seiner Managerin, die ihn verliebt anlächelte.

Annabell Großmann, ihre Sekretärin, betrat das Büro und blieb in der Tür stehen.

„Gut, dass du kommst. Hast du das mit Martin und Carla gewusst?"

Annabell ging um den Schreibtisch herum und schaute Belinda über die Schulter.

„Was regst du dich auf. Ihr seid seit sechs Wochen getrennt. Du weißt wie er ist, er kann halt nicht allein sein."

„Trotzdem, sich so schnell zu trösten, wo er mir immer versichert hat, ich sei seine große Liebe, das tut weh."

„Darf ich dich daran erinnern, dass du Schluss gemacht hast."

„Na und. Das spielt doch keine Rolle. Ich könnte mich nicht so schnell wieder verlieben. Oder meinst du, dass es keine Liebe ist zwischen den beiden?"

Annabell lachte auf. „Ich habe mit Martin nie ein so super Verhältnis gehabt, dass ich dir sagen kann, was er denkt. Und ehrlich, er ist überhaupt noch nie mein Typ gewesen. Deshalb bin ich aber nicht da. Unser berühmtester Schauspielerexport, Anita Vero, ist soeben eingetroffen und gleich in die Maske gegangen. Die zieht vielleicht eine Show ab. Unsere Maskenbildnerin ist ganz fertig. Nicht nur, dass sie die Haare auf große Lockenwickler eingedreht haben will, nein, sie will sie gewaschen haben und auch noch geschnitten. Unsere Maskenbildnerin war stark. Sie hat ihr cool zu verstehen gegeben, dass sie noch nie gerade geschnitten hätte. Da hat die Vero gesagt, die Haare waschen wäre perfekt. Dabei ist sie so eine berühmte Schauspielerin. Die muss doch sagenhaft viel Geld verdienen, und will umsonst die Haare geschnitten kriegen, unglaublich."

Sherlock, der Rauhaardackel, hatte mittlerweile Annabell angestupst und sich auf den Rücken gelegt. Prompt beugte sie sich hinunter, um ihn zu streicheln.

„Du Armer, sicher bekommst du von Belinda keine Streicheleinheiten. Oh je, dein Wassernapf ist auch leer." Sie warf Belinda einen vorwurfsvollen Blick zu. Dann stand sie auf und griff sich eine der Literflaschen stilles Wasser, die in einem Sechserpack hinter der Tür standen.

„Annabell, stell mich bitte nicht als Hundehasserin hin. Dieses Tier ist mir völlig egal. Hätte ich meiner Großmutter nicht versprochen, auf ihn acht zu geben, wäre er in einer Hundepension."

„Verstehe ich nicht. Ich hätte gern so einen feinen Hund. Sherlock ist klug, weißt du das?"

„Wie bitte? Ich gebe die Frage zurück. Woher weißt du das? Hat er es dir gesagt?"

„Das sieht man an seinem Blick und wenn ich mit ihm spreche, dann versteht er jedes Wort."

Sherlock hatte sich hingesetzt und schaute sie aufmerksam an. Genau. Er verstand jedes Wort. Annabell war die Beste. Von ihr ließ er sich gern streicheln. Er hatte es nicht eilig, dass sein Frauchen wieder zurückkam. Fernsehen war seine Leidenschaft. Nie hätte er sich träumen lassen, dass er plötzlich mitten drin im Geschehen war, und nicht mehr nur vor der Glotze sitzen musste. Außer den Werbesendungen gehörten vor allem Krimis zu seinen Lieblingssendungen. Vor allem fand er es super spannend, selber auf den richtigen Täter zu tippen, was ihm schon des öfteren gelungen war. Schade, dass Belinda nur für Unterhaltung zuständig war. Als Ermittler in einem Fernsehkrimi hätte er gern mitgespielt.

Personen und Helden

Erst beobachtet der Leser die Szene durch die Augen Belindas, die sich gerade von ihrem Freund getrennt hat, damit fängt die Geschichte an. Dann wechseln wir in die Dackelperspektive, erleben, was der Hund denkt und fühlt.

Warum nicht gleich aus der Dackelperspektive? Die Überschrift verspricht uns einen Dackeldetektiv. Wäre es da nicht sinnvoll, das Geschehen wirklich aus Hundesicht zu schildern? Wie sieht ein Hund die Welt? Zunächst einmal riechen Hunde weit besser als Menschen, deren Hauptsinn die Augen sind. Das ist eine Möglichkeit, den Leser auf den Hund zu bringen. Sherlock durchschaut die Menschen nicht, er „durchschnuppert" sie.

Außerdem ist ein Dackel klein, er sieht die Welt von ganz unten.

Doch davon spüren wir in dem Absatz nichts. „Annabell war die Beste" ist nichtssagend, sowohl für Dackel wie auch für Menschen. Und „Fernsehen war seine Leidenschaft". Wie fühlt sich das an, als Dackel Krimis zu sehen? Was fasziniert ihn? Genau das sollte hier geschildert werden:

Er erschnupperte den Täter lange vor Belinda. Natürlich sendete das Fernsehen nur Bilder, aber immer wenn es spannend wurde, hatte er einen Geruch in der Nase. Einen Geruch, der ihm sagte: ‚Da lügt einer.' Oder: ‚Der hat Angst.' Und dieser Geruch trog selten.

Es gibt Menschen, die können zu Worten Farben sehen. Synästhesie nennt sich das. Sherlock konnte Bilder riechen.

Wer einen ungewöhnlichen Protagonisten hat, sollte das nutzen. Solange Sherlock sich verhält wie irgendein beliebiger, uninteressanter Mensch, verschenkt der Autor Potenzial.

Da lohnt sich jeder Aufwand, um in die Dackelperspektive zu kommen. Legen Sie sich auf den Boden. Kriechen Sie auf allen vieren durch die Wohnung. Schließen Sie die Augen und stellen Sie sich vor, wie es ist, wenn die Gerüche ein offenes Buch für Sie sind, jeder erzählt eine Geschichte. Gerüche erzählen, ob ein Mensch Angst hat oder lügt. Wie fühlt sich diese Welt an?

Und da sind wir beim Anfang. Der erste Absatz teilt uns langatmig mit, dass Belinda die Newsseite anklickt. Warum nicht aus der Sicht des Dackels erzählen? Vielleicht so:

Seine Pflegemenschin würde es nie lernen. Kaum betrat sie das Büro, schon klickte sie die Newsseite dieses Windhunds an. Natürlich, der hatte längst ein anderes Weibchen. Sherlock hatte sie gewarnt. Gleich beim ersten Treffen hatte er gerochen, dass Martin Martinson falsch war. Er hatte sich zwischen die beiden gedrängt und gebellt, aber sie wollte es nicht verstehen. Menschen!

Jetzt betrat auch die Sekretärin Annabell Großmann den Raum.

‚Hast du das gewusst?', fragte Belinda sie und zeigte auf den Bildschirm.

Gute Geschichten leben von ihren Figuren. Hat der Autor seine Hausaufgaben gemacht, erinnern sich seine Leser noch an diese Person, wenn alles andere längst vergessen ist. Don Quichotte, Dracula, Harry Potter, Mephisto kennen selbst die, welche die Bücher, in denen sie auftauchen, nie gelesen haben.

Anfänger fangen ihre Geschichten gerne mit dem Plot an, in dem etwas passiert und schenken den Personen weniger Aufmerksamkeit. Der Plot ist nicht unwichtig, aber er hängt von den Figuren ab. Wer würde Windmühlen angreifen? James Bond mit seinem Superschlitten? Dracula, um ihnen eine Blutprobe zu entnehmen? Harry Potter, weil er sie für Voldemort hält? Nein, das kann nur Don Quichotte tun, der Ritter von der traurigen Gestalt, der sie mit Riesen verwechselt. Was passiert, hängt eng mit dem zusammen, wer es erlebt. Was jemand tut, was ihm zustößt, hängt davon ab, wer er ist. In Geschichten wie in der Realität. Nicht mal Michael Kohlhaas würde mit seinem Pferd eine Windmühle angreifen.

„Man kann nie genug über seine Figuren wissen", wusste schon Somerset Maugham. Bei der Wahl der Figur und vor allem bei der Ausarbeitung des Protagonisten, des Helden (der keineswegs „heldenhaft“ sein muss, im Gegenteil) entscheidet sich, ob es eine gute Geschichte wird. Bevor Sie eine Idee zu einer Geschichte ausarbeiten, müssen Sie Ihren Protagonisten kennen lernen. Haben Sie ihn dann zum Leben erweckt, wird er es Ihnen danken. Dann entwickelt sich die Geschichte aus Ihrer Figur und diese wird Ihnen über viele Probleme des Plots hinweg helfen.

Aber wie kommen Sie Ihrem Helden näher?

Figuren entwickeln

Es gibt ein paar Tricks, mit denen ein Autor seine Figuren entwickeln kann.

Fragen Sie sich, welche Verletzungen Ihr Held erhalten hat. Helden sind keinesfalls unverletzlich. Siegfried hat im Drachenblut gebadet, das ihn unverletzbar machte. Ohne das Lindenblatt, das auf seine Schulter fiel, wäre er als Held einer Geschichte unbrauchbar, niemand hätte ihn besungen. Irgendwann wäre er an Altersschwäche gestorben und vergessen worden wie all die anderen, über die niemand erzählt.

Nein, ein Held soll nicht perfekt sein, ganz im Gegenteil. Er muss nicht mal sympathisch sein, schon gar nicht muss er der weiße Ritter sein. Fragen Sie sich, ob ihr Held eine Schwäche hat, eine negative Eigenschaft. Ist er ungeduldig, verprellt er deshalb Freunde, andere Menschen? Das wird ihn in Ihrer Geschichte in Schwierigkeiten bringen.

Hat er einen Wunsch oder eine Macke, der er alles andere unterordnet? Ahab hat seinen Hass auf Moby Dick, den weißen Wal. Den will er zur Strecke bringen. Diesem Wunsch opfert er alles, sein Schiff, seine Mannschaft, sogar sein Leben. Und ist dieser Kapitän Ahab, der Held von „Moby Dick“, ein netter Mensch? Wohl eher nicht.

Was ist mit Dackel Sherlock? Er liebt Krimis. Er will in einem mitspielen. Wenn in seiner Umgebung ein Mord geschieht, wird er alles daransetzen, ihn aufzuklären. Dabei hat er einen Vorteil. Er riecht besser als alle menschlichen Kommissare. Und einen Nachteil: er tut sich mit Verhören schwer. Daraus lässt sich eine Geschichte weben. Daraus kann ein Autor den Plot entwickeln.

Wenn Sie Ihrem Protagonisten dagegen zu wenig Aufmerksamkeit schenken, haben Sie einen Plot, in dem sich Figuren tummeln, von denen jeder merkt, dass sie nur um des Plots willen existieren. Pappkameraden einer Ex-und-hopp-Geschichte, die, falls sie überhaupt zu Ende gelesen wird, bereits nach einem Tag vergessen ist.

Deshalb lohnt es sich, viel Arbeit auf Ihre Protagonisten zu verwenden. Viele Anfänger scheuen das, fürchten, dass sie Zeit „verschwenden". Dem ist nicht so. Auch wenn 80% dessen, was Sie über Ihre Hauptperson wissen, nie in der Geschichte auftaucht, ist die Arbeit dafür nicht umsonst gewesen. Denn Ihre Leser werden es merken, ob Sie Ihre Figur wirklich kennen.

Beschreiben Sie also Ihre Hauptperson. Nein, nicht im Manuskript, sondern nur als Übung, nur für sich. Oft lohnt es sich, das in der ersten Person zu tun: „Mein Name ist Dracula. Ich bin seit fünfhundert Jahren tot und immer noch nicht clean. Ich komme vom Blut nicht los …"

Oder interviewen Sie die Person. Legen Sie ein Kissen auf den Stuhl gegenüber. Bitten Sie sie Platz zu nehmen. Und dann fragen Sie sie.

„Was ist das Schlimmste, das dir bisher geschehen ist?"

„Das war damals diese Sache mit dem Schäferhund. Er hatte mich am Genick gepackt …"

Bingo! Sherlock wird Probleme haben, wenn ein Schäferhund auftaucht. Und genau das wird in der Geschichte passieren, glauben Sie mir!

Dialoge

Als nächstes fallen die Dialoge auf, die Figuren reden gestelzt, geschwätzig.

„Trotzdem, sich so schnell zu trösten, wo er mir immer versichert hat, ich sei seine große Liebe, das tut weh."

„Darf ich dich daran erinnern, dass du Schluss gemacht hast."

„Na und. Das spielt doch keine Rolle. Ich könnte mich nicht so schnell wieder verlieben. Oder meinst du, dass es keine Liebe ist zwischen den beiden?"

Grammatikalisch korrektes, ausformuliertes, langatmiges Deutsch.

Natürlich reden Menschen so, schweifen ab, schwätzen. Aber wollen wir das lesen? Dialoge in Romanen sind gerafft. Wie überall im Text muss man hier entscheiden, was man schreibt und was man weglässt. „Ähm" ist das häufigste Wort in gesprochener Sprache. In Romandialogen sollte man es dennoch weglassen. Hier kommt es darauf an: Was treibt die Geschichte weiter? Was ist wirklich neu? Und vor allem: Was erzeugt Konflikte?

Versuchen wir es mal, streichen wir weg, was unnütz ist:

„Immer hat er mir versichert, ich sei seine große Liebe!"

„Du hast Schluss gemacht."

„Meinst du, dass es keine Liebe ist zwischen den beiden?"

Jetzt kommt der Konflikt viel deutlicher heraus. Belinda hat grade ihren Liebhaber abserviert, aber abgeschlossen hat sie das Thema nicht. Sie redet es sich lediglich ein. Und in diesem Dialog wird deutlich, dass es nicht stimmt. Es trifft sie tief, dass er eine Neue hat.

Allerdings steht das so nicht im Dialog, sondern zwischen den Zeilen. Das liest der Leser aus diesem Text heraus. In Geschichten ist nicht nur wichtig, was man erzählt, sondern erst recht das, was der Autor nicht erzählt. Aus dem, was zwischen den Zeilen steht, entsteht Spannung, das hält den Leser bei der Stange: die Lücken, die er selbst beim Lesen füllen muss, füllen darf. Leser lieben Rätsel. Man sollte es ihnen nicht zu leicht machen.

Auch der Konflikt kommt in der gekürzten Fassung stärker zum Tragen. Annabell interessiert sich überhaupt nicht für Belindas Sorgen um ihren Ex. Sie hält das für albern. Hat Belinda nicht selbst Schluss gemacht? Was jammert sie nun?

Viele, viele Anfänger machen den Fehler, alles zu erzählen. Und erschlagen damit die eigene Geschichte. Der Rotstift ist der beste Freund eines Autors. Wegstreichen, was überflüssig ist.

Merke: Spannende Dialoge sind in einer Kunstsprache geschrieben. Und sie sind selten grammatikalisch korrekt.

Übung

Streichen Sie alle Dialoge der Dackelgeschichte auf das Notwendige zusammen. Prüfen Sie dann, welche Konflikte jetzt deutlicher werden. Verwenden Sie ausformulierte, grammatikalisch korrekte Sätze? Können Sie das ändern, wenn ja, wie?

Nehmen Sie sich dann einen Dialog aus einem Ihrer eigenen Text vor. Überprüfen Sie diesen nach dem gleichen Muster. Überarbeiten sie ihn. Legen Sie beide Versionen nebeneinander. Welcher ist besser? Die ursprüngliche? Oder die geänderte? Vielleicht ist das unterschiedlich, einige Stellen sind in der neuen Fassung besser, andere in der alten. So etwas kommt häufig vor. In diesem Fall mischen Sie die beiden Versionen, nehmen Sie die besten Stellen aus beiden Versionen und erstellen eine neue.

Fußspuren

Prolog
31. August 1988, 4.30 Uhr
Autobahn in der Schweiz

Es regnete. Der rote Opel Senator raste über die langsam heller werdende Nacht. Die Scheinwerfer schnitten eine grelle Schneise in die Dunkelheit und immer da, wo sie das Grauschwarz erfassten, brachen sich Regentropfen in ihrem Licht.

Rudolf saß am Steuer. Seine beiden Töchter Isabell und Gabrielle, und seine zwei Wochen alte Enkeltochter Veronika, Gabrielles Tochter, schliefen friedlich. Isabell hatte sich auf dem Vordersitz eingekuschelt.

Eigentlich wollte sie ihrem Vater während der langweiligen Fahrt ja Gesellschaft leisten, damit er nicht einschlief. Aber für ein achtjähriges Mädchen war das lange Aufbleiben eben doch nicht so einfach und sie wurde immer stiller und stiller. Nun lag sie da, sein kleiner unschuldiger Liebling. Mit ihren langen braunen Haaren und den dunklen, von schwarzen dichten Wimpern umrahmten Augen war sie mit ihren acht Jahren schon eine richtige Schönheit. Rudolf fühlte, wie ein warmer, liebevoller Schauer der Zuneigung ihn erfasste. Er kannte dieses Gefühl, es kam immer, wenn er mit Isabell zusammen war. Obwohl sie noch so jung war, schien sie sich für alles zu interessieren. Besonders seine Forschungen hatten es ihr angetan und seit ihrem fünften Geburtstag stand für sie fest, dass sie auch Wissenschaftlerin werden wollte, genau wie ihr Papa. Die beiden liebten sich abgöttisch.

Einen Seufzer der Zufriedenheit auf den Lippen warf Rudolf einen Blick in den Rückspiegel. Seine ältere Tochter Gabrielle saß angelehnt an den Kindersitz und hatte ebenfalls die Augen geschlossen. Gabrielle waren die Anstrengungen der Schwangerschaft und der Geburt noch deutlich anzusehen. Ihr ohnehin immer etwas blasses Gesicht wirkte noch eine Idee heller. Unter den Augen hatten sich dunkle Ringe gebildet und ihr Haar wirkte irgendwie glanzlos und dünn. Wahrscheinlich lag das aber nicht nur an der körperlichen Situation. Vor drei Monaten hatte ihr Freund sie hochschwanger sitzen lassen. Seither wurde sie von Tag zu Tag stiller und zog sich mehr und mehr zurück. Nicht einmal die Geburt von Veronika konnte sie aus ihrer Lethargie reißen. Wieder hatte Rudolf ein Seufzen auf den Lippen, allerdings ein kummervolles, angesichts des Leides seiner Tochter.

Er wandte den Blick zu seiner Enkeltochter. Das Baby verzog im Schlaf sein Gesichtchen zu Grimassen und nuckelte friedlich vor sich hin. So ein kleines Etwas Mensch. Sie hatte einen blonden Flaum auf dem Kopf und wunderschöne klitzekleine Händchen. Noch konnte man keine Ähnlichkeiten zwischen Mutter und Tochter ausmachen, mit Ausnahme eines kleinen Muttermales auf der rechten Pobacke. Es hatte die Form eines Kleeblattes und war bei beiden an genau der gleichen Stelle. Veronika verzog im Schlaf ihren Mund zu einem wie es schien schiefen Grinsen und gähnte herzhaft.

Rudolf lächelte gerührt.

Gähnend fuhr er sich mit der Hand über seinen Drei-Tage-Bart und versuchte es im Sitzen mit ein paar Streckübungen. An der nächsten Raststätte würde er anhalten müssen. Er brauchte einfach kurz frische Luft und einen starken Kaffee.

Gerade hatte er diesen Entschluss gefasst, da wurde seine Aufmerksamkeit auf einen Punkt rechts am Straßenrand gelenkt. Er sah ein kurzes Aufblitzen. „Was um …“ Rudolf konnte seinen Gedanken nie zu Ende bringen. Es gab einen lauten Knall und der Opel fing an zu schlingern. Mit vor Entsetzen weit aufgerissenen Augen versuchte Rudolf sein Möglichstes um das Fahrzeug wieder unter Kontrolle zu bringen - keine Chance. Die Mädchen schrien, aus dem Schlaf gerissen und nicht verstehend, was denn eigentlich passierte. Mit nahezu 140 Stundenkilometern raste der Wagen durch die Leitplanke überschlug sich drei mal und kam dann auf dem Dach liegend zum Stillstand. Das linke Vorderrad drehte sich weiter, ansonsten rührte sich nichts. Es war einen Moment lang totenstill, die Welt schien den Atem anzuhalten. Von irgendwo tief im Innern des Wracks hörte man ein leises Wimmern.

Auf einem Feldweg in der Nähe fuhr ein Wagen an, ohne Licht.

Der Fahrer lächelte zufrieden in sich hinein.

Infodump

Ein Wagen rast auf der Autobahn durch die Dunkelheit. Drinnen ein Vater mit seinen zwei Töchtern und der wenige Monate alten Enkelin.

Der erste Absatz schildert die Fahrt, den Regen, die beginnende Dämmerung. Da wird Atmosphäre aufgebaut. Doch leider nicht lange. Denn danach erfahren wir alles über die beiden Töchter, nur wecken diese Schilderungen keine Bilder. Die jüngere Tochter Isabell hat sich auf dem Sitz eingekuschelt und will wie der Papa Wissenschaftler werden. Die ältere wurde sitzen gelassen und man sieht ihr die Strapazen der Geburt (oder des Verlassenwerdens?) an. Eine ganze Familiengeschichte in einem kurzen Prolog. Leider ist sie so spannend wie die Hochzeitsphotos der Nachbarn.

Warum? Weil hier Informationen aufgezählt werden.

Warum sollen wir das lesen? Warum soll uns das interessieren? Diese ganze Familiegeschichte wirkt wie ein Lexikonartikel. Infodump nennt man das in der Fachsprache. Texte, die einzig Informationen an den Leser bringen sollen.

Ein Infodump ist eine Qualle. Sie treibt einfach im Text und niemand weiß so recht, was sie dort soll. Man begegnet ihr meist auf der zweiten Hälfte der ersten Seite, sobald man ein wenig in das Wasser – pardon: den Text – hineingegangen ist. Ziel und Zweck sind undurchsichtig und vor allem geschieht nichts, rein gar nichts. Denn ein Infodump erklärt. In diesem Falle die Familiengeschichte und die Beziehung der Familienangehörigen zueinander.

Aber noch weiß der Leser ja nicht, wofür er all diese Informationen benötigt.

Ein Autor sollte nie alles auf einmal verraten, sondern nur so viel, dass Spannung aufkommt, der Leser aber nicht alles erfährt. Nur das, was er gerade benötigt, und auch das sollte man ihm zeigen, es darf nicht einfach nur behauptet werden.

Was passiert in einem Infodump? Gar nichts.

Nehmen wir mal einen Text, der das besser macht:

Schon jetzt konnte er spüren, wie sich die Hitze des Morgens aufbaute, Vorbote eines weiteren Tages ohne Regen. Er war jünger als die meisten Männer seines Trupps und auch kleiner: gedrungen, muskulös, mit kurz geschnittenem braunen Haar. Die Stiele der Werkzeuge, die er auf der Schulter trug – eine schwere Bronzehacke und eine Holzschaufel – scheuerten an seinem von der Sonne verbrannten Hals. Trotzdem zwang er sich, so weit auszuholen, wie es ging. Er kletterte schnell von einem sicheren Punkt zum nächsten, und erst, als er sich hoch über Misenum befand, an einer Stelle, an der sich der Pfad gabelte, entledigte er sich seiner Last und wartete darauf, dass die anderen ihn einholten. (Robert Harris, Pompej)

Was ist in diesem Beispiel anders?

Erstens passiert etwas. Ein Mann klettert einen Berghang hinauf, die Werkzeuge scheuern am Hals, er geht schnell. Zweitens erfahren wir zwar auch einiges über die Welt und wo wir uns befinden – der Mann trägt Werkzeuge, er ist gedrungen und muskulös, vermutlich ein trainierter Handwerker und er ist ehrgeizig. Aber die meisten der Informationen (ehrgeizig, Handwerker) muss der Leser selbst aus dem Text folgern. Und drittens verrät der Autor uns nicht alles. Er erzählt uns nichts über seine Augenfarbe, nichts darüber, wozu die Werkzeuge dienen, nichts darüber, welchen Zweck der Aufstieg hat.

Womit wir lernen: Einen Infodump kann man durch eine Handlung ersetzen. Was tut unser Held? Und dabei nebenbei den Ort zeigen, wo wir uns befinden, ohne darüber eine Vorlesung zu halten.

Deshalb sollte sich jeder Autor fragen: Welche Informationen brauche ich am Anfang? Welche kann ich später einbauen? Und vor allem: Welche kann der Leser aus meinem Text erschließen?

Das meiste ergibt sich automatisch, wenn der Infodump in Handlung aufgelöst wird. Denn jede Handlung benutzt nur Bruchteile der gesamten Welt, die der Autor vor uns erstehen lassen wird. Den Rest kriegen wir später.

Schauen Sie sich Ihre ersten Seiten kritisch an. Wo treiben einfach Informationen herum, ohne dass sie in Beziehung zu einer Handlung stehen? Meistens finden sich diese auf der zweiten Hälfte der ersten Seite und auf der zweiten Seite des Manuskripts.

Hat man den Infodump gefunden, nehme man eine lange Stange (Vorsicht! Quallen und Infodumps brennen auf bloßer Haut) und stoße das Ganze solange an, bis es in Bewegung kommt. Was sich nicht bewegt, wird gestrichen.

Nein, der Leser muss nicht alles wissen, glauben Sie mir. Natürlich sollte er sich orientieren können. Im obigen Beispiel: Auf einem Hang in einem heißen Land früh am Morgen.

Sicher, ein Roman lebt davon, dass mit jedem Abschnitt etwas Neues enthüllt wird. Aber nie alles auf einmal. Ein Striptease, bei dem die Tänzerin alle Hüllen gleichzeitig fallen lässt und obendrein still dasteht wie eine Statue, würde auch das Blut des verklemmtesten Puritaners nicht in Wallung bringen.

Nein, ich wollte mit meinen Bemerkungen zum Infodump nicht den Autor von „Fußspuren“ niedermachen. Keine Schadenfreude bitte: Jeder Schreiber hat schon mal Infodumps produziert, selbst angesehene Autoren. Das ist nicht weiter schlimm. Schlimm ist nur, wenn man sie nicht auflöst.

Zurück zu unserem Prolog „Fußspuren“. Auch ein Prolog muss Interesse wecken, soll den Leser fesseln, neugierig auf die Geschichte machen, die danach kommt.

Noch besser natürlich, wenn er uns etwas erzählt, das sich erst im Laufe der Geschichte als wichtig herausstellt – vielleicht etwas, das erst am Ende richtig verstanden wird, vielleicht eine Szene, die zunächst in die Irre führt? Aber dafür muss der Prolog eben den Leser fesseln, indem er dem Leser nur die Informationen gibt, die er braucht.

Ken Follett hat das in „Die Säulen der Erde" perfekt vorgemacht.

„*Die kleinen Jungen waren die ersten, die zum Richtplatz kamen*" und dann erfahren wir, dass es eine Hinrichtung geben wird, erleben drei Zeugen, die den Diebstahl des Gehenkten bezeugt haben. Plötzlich springt ein Mädchen auf den Platz, köpft einen Hahn und bespritzt die Zeugen mit dem Blut. Schnitt. Das war's. Eine Szene, die spannend ist, die für sich steht, die aber eben auch Fragen aufwirft: Was steckt dahinter?

Doch das erfahren wir auf den vielen Seiten des Romans nicht. Erst ganz am Schluss, bei der Auflösung, lesen wir, wer der Verurteilte wirklich war, warum er sterben musste, dass die drei Zeugen falsches Zeugnis abgelegt haben und wer das Mädchen mit dem Hahn war. Jetzt sehen wir die gleiche Szene plötzlich mit ganz anderen Augen.

Das funktioniert nur, weil die Szene am Anfang auch für sich allein leben kann, spannend ist. So spannend, dass man sich am Ende des Buches noch daran erinnert.

Was ist in dem Prolog „Fußspuren" spannend?

Ganz sicher der Unfall und der Schlusssatz mit dem Wagen ohne Licht. Vielleicht auch der Anfang, die Fahrt durch den Regen. Aber nicht die Familiensaga mit ihren Behauptungen in der Mitte. Sollte man sie also streichen? Ja.

Es regnete. Der rote Opel Senator raste durch die langsam heller werdende Nacht. Die Scheinwerfer schnitten eine grelle Schneise in die Dunkelheit und immer da, wo sie das Grauschwarz erfassten, brachen sich Regentropfen in ihrem Licht.

Gähnend fuhr sich Rudolf mit der Hand über seinen Drei-Tage-Bart und probierte ein paar Streckübungen. An der nächsten Raststätte würde er anhalten. Er brauchte einfach Luft und einen starken Kaffee.

Da wurde seine Aufmerksamkeit auf einen Punkt rechts am Straßenrand gelenkt. Er sah ein kurzes Aufblitzen. „Was u…" Rudolf konnte den Gedanken nie zu Ende bringen. Ein lauter Knall und der Opel fing an zu schlingern. Mit vor Entsetzen weit aufgerissenen Augen tat Rudolf sein Möglichstes, um das Fahrzeug wieder unter Kontrolle zu bringen – keine Chance.

Mit nahezu 140 Stundenkilometern raste der Wagen durch die Leitplanke, überschlug sich dreimal und kam dann auf dem Dach liegend zum Stillstand. Das linke Vorderrad drehte sich weiter. Einen Moment lang war es totenstill, die Welt schien den Atem anzuhalten. Von tief im Innern des Wracks hörte man ein leises Wimmern.

Auf einem Feldweg in der Nähe fuhr ein Wagen an, ohne Licht. Der Fahrer lächelte zufrieden in sich hinein.

Jetzt hat der Prolog schon sehr viel mehr Spannung. Einzelne Sätze habe ich etwas verbessert. „würde er anhalten müssen", da kann man das „müssen" streichen. „Es gab einen lauten Knall", da ist „Ein lauter Knall" besser.

Überhaupt sind Sätze mit „Es gab" mit äußerster Vorsicht zu genießen. Sie bremsen den Lesefluss – sollten also nur dort benutzt werden, wo der Autor genau dies beabsichtigt. Statt „versuchte sein Möglichstes", wäre „tat sein Möglichstes" aktiver – und entspräche eher dem, was ein Fahrer in diesem Moment tun würde. Der Halbsatz „ansonsten rührte sich nichts", ist überflüssig und stört.

Der Satz mit den Mädchen fehlt, weil diese nun nicht mehr explizit erwähnt werden, nur das Wimmern im Wrack deutet darauf hin, dass außer Rudolf noch weitere

Personen im Auto sind.

Aber vielleicht wird eine dieser Figuren im späteren Roman benötigt? Wäre es da nicht sinnvoll, sie hier im Prolog zu erwähnen?

Möglicherweise nicht. Wir können diesen Unfall zunächst ohne die drei Mädchen schildern, auch wenn eines davon später wichtig wird. Hier sind die Meinungen sicher geteilt. Sie finden es besser, die Mädchen zumindest zu erwähnen? Wie wäre es mit dem Satz: „Die drei Mädchen schliefen" am Anfang des zweiten Abschnitts? Jetzt wissen wir, dass das Auto weitere Insassen hat, aber keine Einzelheiten über sie.

Später erlebt der Leser Isabell, wenn sie erwachsen ist. Sie ist ein wenig merkwürdig, aber zunächst weiß man nicht warum. Dann erfährt man: ein Unfall. Und nach und nach wird die Vergangenheit entblättert, wie die Schalen einer Zwiebel nach und nach abgeschält werden, um an das Innere zu gelangen.

Denn auch in der ursprünglichen Fassung erfahren wir wenig über Isabell und das Wenige sind langweilige Behauptungen. Wird die Tatsache, dass Isabell Wissenschaftlerin werden will, später wichtig? Selbst dann müssen wir nicht wissen, dass sie diesen Wunsch bereits als Achtjährige hatte.

Merke: Die meisten Autoren verraten zu früh zu viel. Sie vertrauen ihren Lesern nicht.

Übung

Nehmen Sie eine Stelle aus einem Ihrer Texte, in dem Sie dem Leser etwas erklären. Wie tun Sie das? In Form eines Sachtextes? Sehr gut. Jetzt überlegen Sie, was brauchen sie an dieser Stelle wirklich von diesen Informationen? In der Regel sehr viel weniger, als da steht. Streichen Sie alles, wirklich alles, was Sie nicht brauchen. Und dann schreiben Sie das, was übrig ist, um. Bringen Sie die Qualle in Bewegung. Verwandeln sie den statischen Infodump in lebendige Bilder.

Wunschkonzert

War es das gewesen – das Leben? Wann findet Leben statt? Hatte sie schon gelebt? Hatte sie nicht immer darauf gewartet, dass das Leben nun endlich beginnen würde?

Immer an den nächsten Tag gedacht und für die nächste Woche, für den nächsten Monat, den nächsten Urlaub geplant. Für die Zukunft gelebt, jahrelang. Und plötzlich war die vermeintliche Lebensmitte vorüber, ganz unbemerkt war sie älter geworden. Oder war sie bereits alt? Was kam jetzt noch? Zwanzig oder dreißig Restjahre in einem alternden Körper, der ihr immer unbekannter wurde. Der ihren Kommandos nicht mehr widerspruchslos Folge leistete, der sein Eigenleben entwickelte. Plötzlich schmerzten die Knie, nach dem Joggen taten die Muskeln weh. Ein ausgedehntes spätes Abendessen ließ sie in der Nacht nicht mehr schlafen. Die Haare wurden grau, die Haut fahl und faltig. Die Knochen erzählten jeden Morgen beim Aufwachen vom nahen Alter. Auch die Seele war gealtert. Misstrauisch war sie geworden, intolerant, allem Unbekanntem gegenüber erst einmal ablehnend. Diese wunderbare, herausfordernde Welt war auf die Größe eines Reihenhauses am Stadtrand zusammengeschnurrt, die Träume von früher passten problemlos zwischen die Wände ihres Wohnzimmers.

Wo waren ihre Pläne geblieben? Ihre Wünsche, ihre Hoffnungen? Was hatte sie davon wahr machen können? War ihr Lebensentwurf gelungen? Hatte sie denn so etwas überhaupt je gehabt – oder hatte sie ganz einfach darauf los gelebt, das getan, was man von einem Mädchen, einer Frau erwartet: Beruf erlernt, Mann geheiratet, Kinder aufgezogen, Vater beerdigt. Hatte einfach alles auf sich zukommen lassen. Wie ein Baum nicht über Regen oder Sonne entscheiden kann, sondern darauf wartet, was an Tropfen oder Sonnenstrahlen kommt. Ein durchschnittliches Leben, keine besondere Karriere, keine besonderen Kinder, keine besonderen Höhepunkte. Kein besonderes Leben.

Tiefer schürfen

Was fällt an diesem Text als erstes auf? Eine Klage über das Alter, von einer Frau, Mutter. Nichts besonderes, das haben wir schon hundertmal gehört. Klischee, autobiografischer Midlifecrisis-Kitsch, würde ein Kulturredakteur sagen.

Aber wir wollen ja Texte hier nicht literarisch einordnen, nicht wissen, was ein Kritiker der Zeit oder FAZ dazu sagen würde. Hier geht es nicht um die Frage: Ist der Text literarisch wertvoll, sondern darum, ihn besser zu machen. Kann man ihn besser machen?

Viele würden behaupten: Nein. In die Tonne damit. Hausfrauenlyrik.

Doch, behaupte ich, man kann. Jeden Text kann man besser machen. Dadurch wird er zwar nicht im Literaturhimmel landen, aber lesbarer. Und bei dem Versuch lässt sich eine Menge lernen.

Der Text ist mit seiner Klage sehr allgemein. So oder ähnlich können das Tausende von Hausfrauen reden – und übrigens auch berufstätige Männer: „Wo waren ihre Pläne geblieben?" Viel zu allgemein. Zahlreiche andere Sätze im Text sind ebenso allgemein.

In Geschichten ist das tödlich. Hier interessiert das Besondere, das Einmalige, das Konkrete, das, was ein Bild vor uns entstehen lässt.

Wenn ein Text bestimmte Elemente im Übermaß verwendet, gibt es ein einfaches Mittel: Alle (ja, alle!) Stellen, wo es gebraucht wird, streichen. Wie schaut der Text nackt, roh aus, ohne seine allgemeinen Aussagen, Fragen?

War es das gewesen – das Leben? Plötzlich schmerzten die Knie, nach dem Joggen taten die Muskeln weh. Ein spätes Abendessen ließ sie in der Nacht nicht mehr schlafen. Die Haare wurden grau, die Haut fahl und faltig. Die Knochen erzählten jeden Morgen beim Aufwachen vom nahen Alter. Misstrauisch war sie geworden, into-

lerant. Die Träume von früher passten problemlos zwischen die Wände ihres Wohnzimmers.

Mann geheiratet, Kinder aufgezogen, Vater beerdigt. Hatte einfach alles auf sich zukommen lassen. Wie ein Baum nicht über Regen oder Sonne entscheiden kann, sondern darauf wartet, was an Tropfen oder Sonnenstrahlen kommt.

Das ist jetzt natürlich sehr karg und noch immer nicht ideal. Aber sehen wir uns nochmals die Frage an, die der Autor im Ursprungstext gestellt hat. Wo sind meine Träume geblieben?

Welche Träume? Genau das fehlt hier. Hat sie früher gezeichnet, von einer grafischen Karriere geträumt?

Gezeichnet hatte sie lange nicht mehr. Die Staffelei träumte ganz hinten in der Garage von besseren Tagen, als sie wenigstens manchmal noch benutzt worden war …

Oder von Kindern geträumt, die sie zur glücklichen Mutter machen würden und nun:

Längst schon hatte sie es aufgegeben, Jan und Laura zu bitten, das Geschirr in die Spülmaschine einzuräumen …

Oder gibt es ein Ereignis, das vor der eigentlichen Geschichte liegt und deshalb im Prolog Platz finden kann?
Sie drehte den Brief in der Hand, wollte ihn erst nicht öffnen. Das schlechte Gewissen plagte sie, wie viele Jahre hatte sie sich bei Gabi nicht mehr gemeldet? Sechs? Oder waren es doch schon acht? …

Was ist an meiner Figur besonderes, was hat sie erlebt, das sie von Tausenden anderen unterscheidet, die auch ihre Träume begraben mussten?

Welche Träume sind hier begraben worden? Der zweite Schritt bei diesem Text wäre also, die allgemeinen Fragen mit Inhalt, mit Ereignissen, Bildern zu füllen. Nur so entsteht eine Geschichte. Und welche Träume es sind, die die Figur begraben hat, hängt von ihrem Charakter ab. Merken Sie etwas? Das hatten wir schon im Kapitel „Personen“ behandelt.

Um die konkreten Träume zu kennen, müssen wir also die Person kennen und zwar gut, sehr gut. Wir müssen mit ihnen einschlafen und wieder aufwachen. Dann wissen wir auch um ihre Träume und können diese zeigen.

Gelingt das, dann – aber nur dann! – darf es auch ruhig einmal ein allgemeiner Satz sein, der kommentiert. Denn beim Schreiben ist es nicht anders als beim Kochen. Eine Prise Knoblauch würzt das Essen. Aber wenn es zur Hälfte aus Knoblauch besteht, wird es ungenießbar.

„War es das gewesen – das Leben?“, halte ich für einen Satz, der dem verbesserten Text durchaus vorangestellt werden kann, ein guter erster Satz, falls es danach konkret wird.

Die Fragen im Ursprungstext sind ja keineswegs unsinnig. Ganz im Gegenteil. Sie führen uns zu dem, was wichtig ist. Nur sollte man sie deshalb nicht in den Text schreiben. Sondern sich überlegen, wie die Antworten aussehen, welche konkreten Bilder sich dazu finden. Und die, aber nur die, gehören in die Geschichte.

Das gilt eben auch für Prologe. Ein Prolog kann den Leser in die Geschichte einführen. Er ist aber kein Platz für allgemeine, banale Aussagen. Dennoch können sich aus diesen spannende Texte entwickeln – man muss nur tiefer schürfen, von der Oberfläche zum Eigentlichen kommen.

Jeder hat eine Meinung vom Leben, vom Alter, was erstrebenswert ist und was nicht. Müssen wir das lesen? Meist nicht, vor allem nicht, wenn das nur zu allgemeinen Sätzen führt, so spannend wie das Wort zum Sonntag.

Ihr Held sollte einen konkreten Wunsch haben. Ahab wollte nicht die Menschheit vor gefährlichen Tieren schützen oder die Schifffahrt sicherer machen. Er wollte sich an Moby Dick rächen.

Sind Allerweltsweisheiten im Text also nutzlos?

Nein. Sie sind aber Steine, Schutt, die über der eigentlichen Geschichte liegen wie Schutt über den Ruinen antiker Städte. Sie verdecken das, was wir erzählen wollen. Um an unsere Geschichten heran zu kommen, müssen wir diesen Schutt beiseite räumen. Vorsichtig, damit wir nicht das zerstören, was darunter liegt.

„Geschichten sind keine Souvenir-T-Shirts oder Gameboys. Geschichten sind Überbleibsel einer noch unentdeckten, seit jeher bestehenden Welt. Die Aufgabe des Schriftstellers ist es, jede Geschichte mit den Instrumenten seines Werkzeugkastens so unbeschädigt wie möglich aus dem Boden zu heben. […] Um dies so gut wie möglich zu machen, muss der Spaten feinerem Werkzeug weichen: Druckluft, Handmeißel, vielleicht sogar einer Zahnbürste.“ (Stephen King).

Zurück zu unserem Text.

„So ist eben das Leben“, ist nicht sonderlich originell. Es ergibt auch keine Geschichte. Aber wie ist denn das Leben für die, die solch einen Satz äußert? Geprägt von Verlust, und da war der Tod der Mutter, als sie zehn war? Voller Sex und Spaß und dieser Kellner, wie er lächelte? Harte Arbeit, verdienter Erfolg und die Blicke, die einem die Untergebenen zuwerfen?

Allgemeine Sätze einfach nur ersatzlos zu streichen, ist manchmal ein Fehler. Viel wirkungsvoller, sich zu fragen, was unter dem allgemeinen Blah-Blah verborgen liegt. Und irgendwann, wenn Sie vorsichtig den Schutt beiseite geräumt haben, entdecken Sie ein Mosaik, einen Charakter mit einem alles beherrschenden Wunsch. Don Quichotte, der ein Ritter sein will. Faust, der wissen will, was die Welt zusammenhält. Emil und die Detektive, die das gestohlene Geld von Emils Mutter wiederholen wollen.

Das ist es, was Ihrer Geschichte Leben verleiht.

Silberlicht

Der Wersch schnupperte in die kalte, feuchte Dunkelheit. Sein Körper schmiegte sich an die Erdwand des Tunnels, den er sich gegraben hatte.

Er war an das unterirdische Leben gewöhnt. Aber das hier war so ganz anders als das, was er kannte. Die vielen unbekannten Gerüche, überlagert vom beißenden Gestank nach Metall, verwirrten ihn.

Er stieß ein unsicheres Knurren aus und tastete mit seiner Pranke nach dem Schatz, den er an einer silbernen Kette um den Hals trug.

Er spürte, wie der Stein unter seinem groben Griff zu vibrieren begann. Das Heiligtum der Lichtwesen war wieder erwacht. Seit der Unterirdische es aus dem Reich der Andrins gestohlen hatte, hatte es wie tot an der breiten, behaarten Brust gehangen, so, als wüsste es, dass seine Macht außerhalb des Lichtreiches unnütz war.

Der Wersch knurrte heiser. Er spürte die Kraft des Steins, die ihn drängte, nach Andrin zurückzukehren, aber er war stark genug, ihr zu widerstehen.

Neugierig sah er sich um. Seine kurzsichtigen Augen durchsuchten das Dunkel. Der Gang vernetzte sich vor ihm, teilte sich in unzählige Röhren, die sich endlos in der Finsternis verloren.

Wohin sollte er sich wenden? Niemand war hier, der ihm sagen konnte, was zu tun war.

Er wuselte weiter, seine Beute fest umklammernd. Der Stein gehörte ihm. Er hatte ihn aus dem Heiligen Tempel geholt. Er war jetzt sein Gebieter! Hatte nicht Herr Arrwulf selbst es gesagt?

Er hielt inne, als er ein Geräusch hörte. Seine Schnurrbarthaare zitterten. Die eigenartige Mischung von Gerüchen verstärkte sich. Und dann hörte er ein Rauschen. Es klang wie Wasser. Zwar weit entfernt, aber doch verursachte es in ihm ein Gefühl von Panik. Er konnte Wasser nicht ausstehen.

Sein von glattem glänzendem Fell bedeckter schmaler Kopf ruckte unschlüssig hin und her. Er konnte nicht mehr zurück. Die Andrins würden ihn zwar nicht verfolgen, aber er ahnte, dass Herr

Arrwulf nicht sehr erbaut darüber sein würde, dass er den Talisman des Lichtvolkes einfach mitgenommen und nicht abgeliefert hatte. Zum ersten Mal hatte er den Befehlen seines Herrn nicht gehorcht.

Er hastete weiter, tauchte ein in das Labyrinth der Gänge und Tunnels. Er wusste, dass er sich nicht mehr in seiner Heimat Yokmath befand. Er hatte die Orientierung verloren.

Er stutzte, als er einen großen Ring vor sich auftauchen sah. Das war keine Erde. Eine Röhre aus kaltem, festem Material. Der beißende Geruch, den er zuvor schon wahrgenommen hatte, ging eindeutig davon aus.

Er wusste, dass er ahnte, was er sagen würde

Eine fremde Welt, eine fremde Rasse. Trotzdem führt uns der Autor hier durch die Geschichte ein, nicht durch einen Infodump, in dem er erklärt: „Die Wersche waren eine Rasse, die tief im Boden lebte, sich Höhlen grub …", noch wird erklärt, wer die Andrins, die Lichtwesen oder die Werschs sind. Trotzdem und gerade deswegen funktioniert der Text. Dass Wersche unter der Erde leben, ergibt sich aus der Erzählung. Dass die Andrins eine andere Rasse und vermutlich oberirdisch sind, ebenfalls. Spannung, ich sagte es bereits, entsteht nicht nur dadurch, was man erzählt, sondern erst recht dadurch, was nicht gesagt wird.

Ein schönes Beispiel, wie man Leser in eine fremde Welt einführt.

Das Problem dieses Textes liegt denn auch nicht im Infodump, sondern woanders. Zählen Sie einmal, wie oft ein Satz mit „Er" anfängt:

„Er stieß …", „Er spürte …", „Er wusste …", „Er ahnte …". Viele dieser Sätze erklären uns, was dieses Wesen empfindet, denkt, fühlt.

„Er spürte, wie der Stein unter seinem groben Griff zu vibrieren

begann.“

Müssen wir extra darauf hingewiesen werden, dass er es spürte? Wir schauen durch die Augen dieses Werschs. Also reicht es, zu schreiben: „*Der Stein begann unter seinem groben Griff zu vibrieren.*“ Dass die Hauptfigur das spürt, ergibt sich aus der Perspektive.

Perspektive legt fest, durch welche Augen der Leser die Geschichte erlebt. Meist wird aus der Sicht einer Person erzählt, hier aus der des Werschs. Wir hasten mit ihm durch das Labyrinth der Gänge, fühlen mit ihm, erfahren seine Gedanken. Da das so ist, muss es nicht extra mit: „Er fühlte“, „er dachte“, gesagt werden. Jedenfalls dann, wenn die Perspektive sauber durchgehalten wird, der Autor also nicht von einem Kopf in den anderen springt, erst aus der Sicht des Werschs, dann aus der des Andrins, später wieder aus der des Werschs erzählt.

Hier erleben wir Leser Handlung, Welt und Umgebung direkt durch die Sinne der Hauptfigur.

Und deshalb ist die Konstruktion: „Er spürte, dass …“, unnötig und problematisch. Denn der Stein und sein Vibrieren sind zwar die Hauptsache, stehen aber im Nebensatz. Damit sind wir Leser nicht mehr direkt in der Handlung, weil sich ein Hauptsatz („Er spürte“) dazwischen schiebt, ohne uns irgendetwas Hauptsächliches, Wichtiges zu verraten.

„Er ahnte, dass Herr Arrwulf nicht sehr erbaut darüber sein würde“, lässt sich ebenfalls verbessern: „Herr Arrwulf würde nicht sehr erbaut darüber sein“. Damit würde Arrwulf aktiver werden, statt im Nebensatz zu verkümmern. Obendrein kann man so eine Menge der Satzanfänge mit „Er“ verbessern. Zwei Fliegen mit einer Klappe.

Noch ein paar Worte zu der Perspektive. In einer Szene sollte man sie konsequent beibehalten. Durch die Augen welcher Person erlebt der Leser die Geschichte? Hat der Autor das einmal festgelegt, sollte er es mitten in der Szene nicht mehr wechseln, vor allem nicht aus Versehen. Plötzlich für einen Halbsatz in die Perspektive des Herrn Arrwulf oder eines Andrin zu wechseln, vor allem wenn es versehentlich und unbeabsichtigt geschieht, wäre ein schwerer Fehler. Der Leser würde damit aus dem Text geworfen.

Natürlich gibt es auch dafür Ausnahmen, wie es für jede Regeln Ausnahmen gibt. Manche Texte verwenden einen allwissenden Erzähler, der bewusst von einer Person in die nächste hüpft, das Geschehen mal aus dieser, dann aus jener Sicht schildert. Doch das soll uns hier noch nicht interessieren.

Merke: Wenn Sie den Leser die Handlung durch die fünf Sinne des Protagonisten verfolgen lassen, müssen sie diese nicht direkt ansprechen. „Er sah, dass …", „Er roch, dass …", „Er hörte, dass …", kann meistens ersatzlos gestrichen werden.

Übung

Finden Sie alle Sätze, in denen betont wird, dass der Wersch etwas fühlte, spürte, dachte, tat. Dann korrigieren Sie sie. Wo kann man darauf verzichten?

Kleinigkeiten

Neben der Perspektive fallen mir noch drei Dinge im Text auf:

- „Herr Arrwulf" klingt sehr nach Tolkien und dem Hobbit Sam im Herr der Ringe. Solche Anklänge sollte man besser vermeiden, anderes verwenden. Vielleicht „Meister Arrwulf"?
- „Sein von glattem glänzendem Fell bedeckter schmaler Kopf ruckte unschlüssig hin und her." Hier kommt eine Beschreibung in den Text, die von der Perspektive nicht passt. Wir erleben alles durch die Sinne des

Unterirdischen. Aber der wird seinen glatten, glänzendem Pelz nicht grade in dieser gefährlichen Situation betrachten, abgesehen davon, dass es dunkel ist, der Pelz also nicht glänzen kann.

- Prüfen Sie einmal, wie oft „hatte“ im Text vorkommt. Ist dieses Wort jedes Mal nötig? Könnte man es an der einen oder anderen Stelle vermeiden?

Marlene

Sie gehörte zu den Frauen, die ein Mann haben muss. Unbedingt. Ich weiß, das hört sich chauvimäßig an, aber ich musste ihr Herz erobern, bevor es ein anderer tat.

Bei der Ausstellungseröffnung stand sie am Büffet, ganz allein, nur ein Sektglas in der Hand. Sie sah aus, als wartete sie auf jemanden, aber es kam niemand. Der ganze Saal war voller Menschen, die meisten unterhielten sich oder waren sonst wie beschäftigt, nur sie stand allein da, so gottverdammt allein, dass ich sie am liebsten umarmt hätte.

Ich lächelte ihr zu.

Sie tat, als ob sie mich nicht gesehen hätte und drehte mir den Rücken zu. Dabei hatte ihr Sektglas in der Hand gezittert. Ganz leicht, kaum merklich, aber mein Jagdinstinkt war ausgelöst.

Um ein Haar wäre ich überhaupt nicht gekommen. Es hatte Stress in der Druckerei gegeben. In der Nacht zuvor hatte ich schlecht schlafen können, ich war hundemüde. Aber, dachte ich, geh trotzdem hin! Es ist ja nicht irgendeine Party, sondern eine Ausstellungseröffnung in einer Galerie.

Rückblickend hatte die Veranstaltung eine ganz andere Bedeutung für mich, denn von dem Tag ging alles bergab mit mir.

Vor der Galerie stand ein Pförtner. Ich hatte nervös in meinen Taschen gekramt und nach der Eintrittskarte gesucht.

„So ein blödes Stück Papier“, sagte ich zu dem Pförtner und blätterte meine Brieftasche rauf und runter. „So ein blödes Stück Papier bekommt doch sofort eine ganz andere Bedeutung, wenn du es einem blöden Türsteher vorzeigen musst.“

Der Pförtner sah mich nicht einmal an.

„Die Sache ist die", erklärte ich ihm, „dass ich noch vor zwei Stunden mehr als dreihundert dieser blöden Eintrittskarten in der Hand gehalten habe. Ja wirklich. Sie müssen wissen, dass ich sie gedruckt habe. Ehrlich. Ich bin der Werbefuzzi von der Druckerei und die Eintrittskarten habe ich vor zwei Stunden ausgeliefert. Eigenhändig. An der Kasse. Alle. Ich meine, meine eigene vielleicht auch."

Der Pförtner verzog nicht einmal das Gesicht.

„Durchnummeriert waren die Karten", redete ich weiter, „jede einzelne sozusagen. Auch meine eigene muss irgendeine verschissene Nummer gehabt haben. Nur für den Fall", sagte ich, „dass es eine Liste gibt."

Eine Liste? Nein. Er schüttelte den Kopf und sah mich bedauernd an. Ich überlegte, ob ich nach Hause fahren sollte. In diesem Moment kam mir Dominik Dressler, der Mann von der Sparkasse, zu Hilfe.

„Tag, Herr Bollmann, schön Sie zu sehen!" Dressler schüttelte meine Hand, nickte dem Pförtner zu und lenkte mich in Richtung Tür. „Bitte sehr, nach Ihnen!" Er hielt mir die Eingangstür auf und ich war drin.

So einfach war das.

Das Schicksal, denke ich heute, lässt sich nicht von einem blöden Türsteher hinters Licht führen und erst recht nicht von einem verschissenen Stück Papier!

„Marlene", fragte ich sie später einmal, „glaubst du eigentlich an Schicksalsfügungen?"

„Ansgar, ich habe jeglichen Glauben an alles verloren." Sie hatte mich traurig angesehen, also nahm ich meine Gitarre hervor und spielte ein Stück für sie:

„I must have read a while – the latest one by Marilyn French
or something in that style
It's funny, but I had no sense of living without aim
The day before you came."

Eine dicke Träne lief über ihr Gesicht.

„Na, na, na, wer wird denn gleich bei Abba weinen?", neckte ich

sie und reichte ihr ein Taschentuch.

„Wo hast du so schön Gitarre spielen gelernt?", wollte sie wissen.

„Bei den Monte-Milkies-Milchbuben."

Schon lachte sie wieder.

„Ne, im Ernst", sagte ich. „Die Monte-Milkies-Milchbuben waren unsere Schulband. Ich war der Gitarrist und Leadsänger."

„War? Schade, dass du damit aufgehört hast."

Die Frage war inzwischen vergessen – die Frage nach der Schicksalsfügung. Von welchem Moment an gilt unser Schicksal als besiegelt? Und überhaupt, wenn es so etwas wie Liebe auf den ersten Blick gab, musste dem Blick doch irgend etwas vorangestellt sein.

Ach, vielleicht auch nicht. Vielleicht war alles nur eine unendliche Folge von Ursache und Wirkung, die alle ausweglos im Hier und Jetzt endeten.

Mir war jedenfalls schwindelig bei dem Versuch, mich zurückzuerinnern. Doch ich musste mich zurückerinnern, denn vielleicht lag ja die Tücke im Detail.

Vorahnungen

Ein Mann sieht eine Frau auf einer Ausstellungseröffnung, sie ist allein und sein Jagdinstinkt wird ausgelöst. Aber was wird noch erzählt? Es war schwierig, zur Eröffnung zugelassen zu werden, also eine Rückblende. Ein Vorausblick, der Erzähler und die Frau zusammen. Und jede Menge Vorahnungen.

Der letzte Absatz ist ganz den Vorahnungen, der Frage nach der Schicksalsfügung gewidmet. Auch sonst kommen diese reichlich vor: *„Das Schicksal, denke ich heute, lässt sich nicht von einem blöden Türsteher …"*, *„glaubst du eigentlich an Schicksalsfügungen?"*, *„Rückblickend hatte die Veranstaltung eine ganz andere Bedeutung"*. Ziemlich viel für zwei Seiten Text.

Diese Vorahnungsmassierung sollte man streichen, weil sie den Leser aus dem Text wirft.

Also besser gar keine Vorahnungen?

Eine Vorahnung kann Interesse wecken, wenn es nur eine ist und wenn sie den Leser packt. Dazu sollte sie anschaulich sein und nicht alles verraten. Dass es von da an bergab mit dem Ich-Erzähler ging, ist hier aber das Konkreteste.

Nun, schauen wir uns doch noch mal die Geschichte an. Wo könnte man eine Vorahnung einbauen?

„Mein Jagdinstinkt war ausgelöst", heißt es am Ende des ersten Absatzes. Hier entsteht ein Bild beim Leser und eine Erwartung, wie es weitergeht. Warum das nicht nutzen? Danach könnte ein Satz kommen, der bereits andeutet, wohin diese Jagd den Ich-Erzähler führen wird. Dabei sollte die Vorahnung lebendig und bildhaft sein.

Also nicht: „Das wurde die schaurigste Geschichte, die ich jemals erleben sollte", und auch nicht: „Noch heute bin ich wie gelähmt, wenn ich daran denke, was daraus folgte."

Aber da ist das Bild mit der Jagd. Vielleicht statt, „Mein Jagdinstinkt wurde ausgelöst", „Mein Jagdinstinkt erwachte"? Wie könnte der nächste Satz lauten? Vielleicht: „Dass es eine Jagd in den Abgrund werden würde, ahnte ich noch nicht." Der Ich-Erzähler, im Satz zuvor selbstbewusst und selbstsicher, deutet an, dass sich das Blatt bald wenden wird. Diese Jagd wird übel enden. Aber mehr wird nicht verraten. Vielleicht ginge das sogar kürzer, prägnanter: „Es wurde eine Jagd in den Abgrund."

„Dass ich bald der Gejagte sein würde, ahnte ich nicht." Eine etwas andere Vorahnung: Die Rolle von Jäger und Gejagtem werden bald getauscht werden.

Beide Varianten wären möglich, denn beide wecken Interesse, verraten aber nicht zuviel.

Übung I

Nehmen Sie sich die ersten vier Seiten eines eigenen Text vor. Was für eine Vorahnung könnten Sie dort einbauen?

Testen Sie verschiedene Ideen, geben Sie sich nicht mit einer zufrieden!

Erster Satz und roter Faden

Zurück zum Text, an dem sich noch mehr zeigen lässt. Der erste Absatz dreht sich im Kreis. Aber: „*Ich musste ihr Herz erobern, bevor es ein anderer tat*“, ist ein schönes Bild, sagt uns viel über den Erzähler und die Frau. Also ein guter erster Satz für den Roman. Den Rest des Absatzes kann man vergessen, weil er nichts erzählt. Wen interessiert, ob es sich chauvimäßig anhört, ob „man(n)“ diese Frau haben muss, das alles ist sehr allgemein und nichtssagend, also streichen wir es. Fangen wir damit an, ihr Herz zu erobern:

Ich musste ihr Herz erobern, bevor es ein anderer tat.

Sie stand am Büffet der Ausstellungseröffnung, ganz allein, nur ein Sektglas in der Hand. Als wartete sie auf jemanden, aber es kam niemand. Der ganze Saal war voller Menschen, die meisten unterhielten sich, nur sie stand allein da, so gottverdammt allein, dass ich sie am liebsten umarmt hätte.

Ich lächelte ihr zu.

Sie drehte mir den Rücken zu. Dabei zitterte ihr Sektglas in der Hand. Ganz leicht, kaum merklich, aber mein Jagdinstinkt erwachte. Dass ich bald der Gejagte sein würde, ahnte ich nicht.

Jetzt klingt es schon viel aufregender, das Thema der Geschichte wird deutlich, der Ich-Erzähler gewinnt mehr Gestalt und der rote Faden wird sichtbar.

Übung II

Ich habe zusätzlich ein paar weitere Stellen gestrichen. Vergleichen sie den Text oben mit dem Originaltext. Was wurde gestrichen? Gefällt Ihnen der Text so besser? Warum? Gibt es andere Stellen, die Sie streichen würden? Dann der nächste Absatz, die Rückblende: Er hatte Stress in der Druckerei und, natürlich, eine Vorahnung. Dieser Absatz ist überflüssig, streichen.

Danach noch eine Rückblende, er hatte Probleme beim Einlass. Müssen wir das wissen? Ich meine: Nein, schon gar nicht hier. Der Absatz ist zwar durch die Weigerung des Pförtners, ihn einzulassen, ein wenig spannend, aber nicht genug, um die starke Unterbrechung des Erzählflusses zu rechtfertigen. Die Geschichte sollte ihrem roten Faden folgen.

Ganz sicher streichen würde ich den Absatz mit dem Gitarrenlied. Der reißt den Leser nur aus der Geschichte, erklärt ihm im Voraus, dass die beiden zusammenkommen werden. Zuviel Erklärung, zuviel Vorahnung, zuwenig, das die Geschichte weiterbringt. Und das gilt natürlich erst recht für den Rest, der sich wieder auf sehr abstraktem Niveau mit Vorahnungen herumplagt.

Papierkörbe

Diesen Text habe ich brutal zusammengestrichen. Geht das?

Es geht. Nur Mut. Wenn der Text dabei besser wird, muss man zu solch radikalen Mitteln greifen. „Papierkörbe sind die besten Freunde eines Schriftstellers“, meinte der Literaturnobelpreisträger Baheshvi Singer. Er hatte Recht.

Anfänger sind bei dem Gedanken oft entsetzt, so viel zu streichen.

„Mein Roman, jetzt ist er nur noch eine Kurzgeschichte!“

Gut, dann ist es eben eine Kurzgeschichte. Besser eine gute Kurzgeschichte, als ein langweiliger Roman. Und vielleicht entwickelt sich die Kurzgeschichte? Vielleicht liegt in ihr der Kern eines anderen, eines spannenderen

Romans? Oft muss man den Schutt beiseite räumen, um zu seiner eigenen Geschichte zu gelangen. Schreiben hat viel mit Archäologie zu tun. Unter dem Abfall findet man die richtigen Schätze.

„Aber all meine Mühe war jetzt umsonst! Ich habe so viel geschrieben und alles nur für den Papierkorb." Nein, die Mühe war nicht umsonst. So wenig die Torschüsse im Fußballtraining umsonst sind, die zwar keine Auswirkungen auf den Tabellenplatz haben, aber dafür sorgen, dass ein Spieler im Ernstfall wirklich schießen kann, so wenig sind Texte umsonst, auch wenn sie im Papierkorb landen. Sie sind Fingerübungen. Längst nicht alles, was Autoren schreiben, wird veröffentlicht, ist es wert, veröffentlicht zu werden.

Merke: Füllen Sie ruhig Ihren Papierkorb. Die Zeit, die Sie auf Texte verwandt haben, die Sie später wegwerfen, ist keine verlorene Zeit. Sie ist Training.

Der Knall

„… Daten für den I- bzw. den Q-Zweig werden dabei mit Hilfe eines Seriell-Parallel-Wandlers …“ – Freitag, 11 Uhr 59, Hörsaal einer Hochschule in Stuttgart, Vorlesung zum Thema Übertragungstechnik. Der Dozent, Hermann Gerschow, bemühte sich, rund sechzig mehr oder weniger aufmerksamen Studenten des Studiengangs Elektrotechnik die wesentlichen Grundlagen dieses Themas nahe zu bringen. – „… Signalrauschabstand muss bei gleicher Bitfehler-Wahrscheinlichkeit um drei Dezibel höher sein als …“

Der Hörsaal stieg nach hinten an, jede zweite der fünfzehn Reihen war um rund vierzig Zentimeter höher als die vorhergehende. Lorenz saß auf seinem Lieblingsplatz, in der sechsten Reihe ganz außen. Er stützte den Kopf in beide Hände und dachte: „Noch eine Stunde, dann können wir alle ins wohlverdiente Wochenende.“ Es war wieder eine lange Woche gewesen und das Ende des sechsten Semesters lag auch schon in Sichtweite. Und damit auch die Prüfungen. Zum Glück lag ihm dieser Stoff, sodass die Prüfung eigentlich kein Problem sein sollte, aber vielleicht sollte er zwischendurch doch wieder zuhören.

„… für die relativ robuste QPSK selbst nicht von so großer Bedeutung, jedoch können auch andere Signale“ Auf einmal brach die Stimme von Hermann Gerschow ab. Zuerst einen Moment Stille, während dieser sich am Funkmikrofon zu schaffen macht. Dann Rauschen und ein „Eins, zwei, eins, zwei“, wie man es vom Soundcheck vor Konzerten gewohnt war. Aber … das war nicht die Stimme von Herrn Gerschow. Stattdessen war eine Stimme zu vernehmen, die eindeutig durch einen Stimmverzerrer gelaufen war („Wozu war man denn routinierter Leser von Kriminalromanen?“, dachte Lorenz). Wieder einen Moment Pause, in dem nur vereinzeltes, leises Gelächter zu hören war, das aber irgendwie nicht sehr amüsiert klang. Dann kam die verzerrte Stimme wieder, während Herr Gerschow leicht indigniert auf das Mikrofon schaute: „Liebe Kommilitonen, sehr geehrter Herr Gerschow, bevor uns alle das Wochenende in Empfang nimmt, möchte ich euch noch um etwas bitten. Ihr wundert euch sicherlich, wieso ihr jetzt mich hört, aber

erstens tut das nichts zur Sache und zweitens ist eine entsprechende Manipulation bei diesen etwas antiquierten Funkmikros kein Hexenwerk für einen angehenden Elektroingenieur."

Lorenz und seine Nachbarin Friederike schauten sich an und konnten beide ein breites Grinsen nicht unterdrücken. „Welcher Scherzbold will uns denn zum Wochenausklang noch erheitern?", dachte Lorenz. Schneller als sie dachten, blieb ihnen dieses Grinsen im Halse stecken, während der Unbekannte weitersprach.

„Aber kommen wir nun zu meinem Anliegen: Ich habe in diesem Hörsaal eine Anzahl von Sprengsätzen versteckt. Einige davon werdet ihr relativ leicht finden können. Und da sie ausschließlich über Fernzündung ausgelöst werden, ist das Entfernen auch absolut ungefährlich. Bei anderen habe ich mir schon etwas mehr Mühe gegeben mit dem Verstecken. Aber eine dritte Gruppe werdet ihr – ohne Werkzeug, das euch hier nicht zur Verfügung steht – mit Sicherheit nicht aufspüren."

Unter den Studenten war ungläubiges Staunen die häufigste Reaktion. Einige saßen offenen Mundes da wie hypnotisiert, andere schienen völlig gedankenverloren zu sein, als hätten sie gar nicht richtig verstanden, was da aus den Lautsprechern gekommen war.

„Und dank der Wirkung von Plastiksprengstoff dürfte dieser Anteil ausreichend sein, um das ganze Gebäude zum Einsturz zu bringen. Was das für uns bedeutet, muß ich sicherlich nicht extra beschreiben. Ihr fragt euch jetzt sicherlich zweierlei: Erstens, wer ist dieser Verrückte? Nun, ich bin einer von euch. Und ob ich verrückt bin, oder verrückter als einige von euch, weiß ich nicht. Zweitens, was will dieser Verrückte? Das werde ich momentan noch nicht verraten. Vorher könnt ihr anfangen, nach den Sprengsätzen zu suchen. Dann nehmt ihr mich und mein kleines Anliegen sicherlich ernster und unsere Unterhaltung verläuft reibungsloser. – Und bitte: Keiner verlässt den Saal. Ihr könnt euch sicherlich vorstellen, dass ich vorbeugende Maßnahmen gegen derartige Insubordinationen ergriffen habe. Bis später."

Schallende Stille. Im Hörsaal war nichts zu hören, kaum einer wagte laut zu atmen. Hermann Gerschow hatte sich zwischenzeitlich auf einen Stuhl plumpsen lassen und sah sehr blass aus. Er hatte wie immer bei den Vorlesungen einen dunklen Anzug an und trug eine blaue, dezent gemusterte Krawatte. Diese hatte er jetzt etwas gelockert und den Kragenknopf seines blütenweißen Hemdes geöffnet.

Spannung

Eine Vorlesung wandelt sich unvermittelt in ein Terror-Szenario. Schöne Idee. Aber glauben wir das als Leser?

Wenn man eine existentielle Bedrohung schildern will, muss sich der Leser bedroht fühlen. Und das heißt, er muss dem Autor die Szene glauben, muss mit den Figuren mitzittern. Gar nicht so leicht. Welcher Autor hat schließlich schon einmal so eine Szene am eigenen Leibe erfahren?

Gerne lacht man über die Thrillerautoren, die ihre Leser mit haarsträubenden Plots, Weltverschwörungen und wilden Verfolgungsjagden atemlos die Seiten umblättern lassen. Aber ernstnehmen? Nein, ernstnehmen kann man das nicht. Das ist schnell heruntergeschrieben, man kennt das ja und literarisch wertvoll ist es nicht. Eben Kolportage, billige Unterhaltung.

Auch viele Autoren denken so.

Bis sie zum ersten Mal eine solche Szene schreiben. Gar nicht so einfach. Meist kommt keine Kolportage heraus, sondern unfreiwilliger Humor oder Gähnen. Auch Spannung will gelernt sein, so einfach ist Thrillerschreiben eben doch nicht.

Auch hier kämpft der Autor mit seiner Szene. Bedroht sie uns? Eher nicht. Wenig reizt zum Weiterlesen.

Woran liegt das? Es fehlt die Spannung.

Der Thrillerautor Andreas Eschbach hat auf einem Seminar sechs Punkte genannt, die für Spannung wichtig sind:

1. Der Leser muss im Ungewissen gelassen werden. Wenn er Erwartungen aufbaut, denkt, aha, so läuft das –

selbst wenn die Erwartungen nicht stimmen – fällt er aus dem Text und klappt das Buch womöglich zu. Folglich sollte es mehrere mögliche Alternativen geben und unklar sein, wie es weitergeht.

2. Der Leser muss orientiert sein, ihm muss klar sein, wo er sich befindet und was passiert – aber nicht klar, wie es weitergeht.
3. Die Geschichte sollte glaubwürdig sein und sinnlich, anschaulich geschildert werden.
4. Der Text sollte sich flüssig lesen lassen und die gewählten Stilmittel sollten zum Text passen.
5. Der Leser sollte einer Figur nahe sein und deren Gefühle intensiv spüren, der Blickwinkel der Figur mit steigender Spannung schrumpfen (Tunnelblick).
6. Der Text sollte ahnen lassen, das da noch etwas kommt, aber nicht was (die Ruhe vor dem Sturm).

Spannung ist offenbar etwas, das von verschiedenen Faktoren erzeugt wird. Schauen wir uns einmal vier dieser Faktoren an: Figur, Konflikt, Orientierung und Sprache.

Personen eine Stimme geben

Ein Terrorist schaltet sich plötzlich in das Mikrofon ein und spricht von versteckten Plastiksprengsätzen. Eine klassische Bedrohung, aber warum fesselt uns diese hier nicht?

Weil die Person blass bleibt und so auch spricht. Wir sind ihr nicht nahe. Welcher Terrorist, der etwas auf sich hält, würde derart langweilig sein Anliegen erläutern? Wir hören nur seine Sprache. Und die sollte uns einen lebendigen Bösewicht präsentieren. Einen, der vielleicht ganz eigen spricht, Umwege einschlägt, wie der Professor Tech-Talk liebt oder es auch einfach parodiert.

Aber keiner, der uns jede Einzelheit erläutert. Nicht, dass es das in Wirklichkeit nicht gibt. Aber wir sind nicht in der Wirklichkeit, wir sind in einem Buch. Da kommt die Wirklichkeit gekürzt vor. Wir wollen nicht jede Einzelheit lesen, sondern das, was die Geschichte vorantreibt. Geschichten sind kondensiert, keine Abbildung der Realität.

Ist es einer aus Al Khaida? Oder ein Wahnsinniger, der fordern wird, alle Elektronen aus den Atomen zu befreien? Seine Wortwahl, seine Sprache muss ihn jedenfalls lebendig werden lassen.

„*Dank Herrn Professor Gerschows Einführung in die Übertragungstechnik bin ich in der Lage, jederzeit Plastiksprengsätze im Hörsaal zu zünden. Einer davon befindet sich unter dem Pult. Herr Gerschow wird sich sicher gerne bücken und nachsehen. Die Bitfehlerrate habe ich berücksichtigt.*“

Oder: „*Ich liebe euch alle. Und deshalb nehme ich euch mit in den Tod …*“

Oder:

„*Des Waldes Dunkel zieht mich an,*
doch muss zu meinem Wort ich stehn
und Meilen gehn, bevor ich schlafen kann.“

Das wäre poetisch und von dem Dichter Robert Frost.

Wäre diese neue Fassung besser? Ja.

Aber es fehlt immer noch etwas.

Konflikt

Denn es geht nicht nur um eine Person, sondern um einen Konflikt zwischen Personen. Welchen Konflikt haben wir hier?

Den zwischen einem Terroristen, der dem Professor das Mikro abschaltet, um selber zu reden.

Halt! Dem Professor das Mikro abschaltet? Eben. Das ist es. Hier ist nicht der Student Lorenz, aus dessen Perspektive alles geschildert wird, einer der Kontrahenten. Sondern Professor und Terrorist. Welcher Professor lässt sich schon gerne das Wort abschneiden, seine Vorlesung stören? Gerschow jedenfalls nicht, nicht so, wie ihn uns der Autor am Anfang schildert. Er wird Widerworte geben, versuchen die Vorlesung ohne Mikro zu halten, wird dem Terroristen nicht glauben, es als Studentenulk abtun.

Der Terrorist muss mehr bieten als die Behauptung, „Ich habe Bomben versteckt“.

Jetzt haben wir zwei Kontrahenten. Und einen Konflikt.

Probieren wir es noch einmal:

Auf einmal brach die Stimme von Professor Gerschow ab. Lorenz sah die Lippenbewegungen, aber er hörte nichts mehr.

Stattdessen tönte aus den Lautsprechern eine blecherne Stimme: „Eins, Zwei.“

Gerschows Mund blieb offen. Erst schaute er hilflos zur Decke, wo die Lautsprecher installiert waren, dann auf sein Mikrofon. Klopfte mit dem Fingernagel dagegen. Zu hören war nichts.

Stattdessen sagte die Stimme: „Professor Gerschow, ich habe Sie abgeschaltet. Ihren I- wie auch den Q-Zweig stillgelegt.“

Einige lachten.

„Dafür sind Sprengsätze eingeschaltet. Plastiksprengstoff. Der Signalrauschabstand wurde gebührend berücksichtigt. Ich will …“

„Sie werden die Folgen tragen, Sie alberner Möchtegern-Witzbold“, unterbrach ihn Gerschow. Seine Stimme füllte den Hörsaal.

Die blecherne Stimme lachte leise durch die Lautsprecher.

„Und nun wieder zu QPSK. Auch andere Signale können …“ Gerschow hielt das Mikro weiterhin in der Hand, auch wenn es nutzlos war. Aber auch so konnte ihn jeder verstehen.

„Gut, Sie wollten es nicht anders“, sagte die Stimme aus den Lautsprechern. Die Worte vermischten sich mit denen Gerschows über den Rauschabstand, der seine Vorlesung weiter abspulte.

„Des Waldes Dunkel zieht mich an“, fuhr die Stimme fort,
„doch muss zu meinem Wort ich stehn
und Meilen gehn,
bevor ich schlafen kann.“

Dann verstummte sie.
Und das Mikrofon in Gerschows Hand explodierte.

Jetzt klingt es schon viel mehr nach Konfrontation, jetzt baut sich langsam Spannung auf. Weil jetzt der Konflikt und seine Kontrahenten klar sind.

Warum ist das so? Die wichtigste Voraussetzung habe ich bereits genannt: Die Spannung entwickelt sich aus den Personen. Jetzt schweigt Gerschow nicht einfach, sondern redet dem Terrorist dazwischen. Und der Terrorist kommt mit seiner Behauptung: „Ich habe Bomben", nicht mehr einfach durch. Ein Autor sollte es seinen Personen nie leicht machen.

Aber es kommt noch mehr dazu. Spannung baut sich langsam auf. Erst fällt das Mikrofon aus. Dann das ominöse „Eins, Zwei". Die Stimme, die zuerst wie eine Parodie auf Gerschow klingt. Erst dann wird deutlich, wer dahinter steckt. Und erst ganz am Schluss, dass die Stimme es ernst meint.

Spannung entsteht dadurch, dass es verschiedene Möglichkeiten gibt. Es könnte ein Witzbold sein. Aber vielleicht meint er es doch ernst? Wer dem Leser gleich zu Anfang alles verrät, hat verloren. Warum sollte dieser weiterlesen?

Orientierung

Zurück zu dem Text „Der Knall". Wie schaut es mit der Orientierung aus? Weiß der Leser, wo er sich befindet? Zweifelsohne. Wir sind genau orientiert, wo wir uns befinden. Zu genau. Es wird viel zu viel erklärt. Schon der erste Satz legt fest, dass wir in einer Fachvorlesung sind. Und dann wird langatmig der Hörsaal geschildert. Warum nicht das dem Leser überlassen? Jeder kann sich eine langweilige Fachvorlesung vorstellen. Die Zitate aus dieser Vorlesung sind Tech-Talk, man sollte nur so viel davon schreiben, wie unbedingt nötig ist. Auch der zweite Absatz beglückt uns mit einer Vielzahl von Erläuterungen. Müssen wir hier schon wissen, dass es das Ende des sechsten Semesters ist, und dass Lorenz die Prüfungen sicher schaffen wird? Vermeiden Sie langatmige Erklärungen und vor allem unnötige (die Stimme war durch einen Stimmverzerrer gelaufen, etc.). Infodumps, ich hatte es bereits erwähnt, sind absolute Spannungskiller. Beschränken wir uns also auf das Nötigste:

„… Daten für den I- bzw. den Q-Zweig werden dabei mit Hilfe eines Seriell-Parallel-Wandlers …“ Freitag, 11 Uhr 59, noch eine Stunde und alle wären im Wochenende. Aber noch mussten sie Professor Gerschows Übertragungstechnik überstehen. Sie war Prüfungsstoff und der Hörsaal deshalb gut gefüllt.

„… Signalrauschabstand muss bei gleicher Bitfehler Wahrscheinlichkeit um drei Dezibel höher sein als …“

Lorenz setzte sich gerade. Er sollte besser zu hören, noch hatte er nicht bestanden.

So, und jetzt setzen Sie sich hin und nehmen sich die Übungen vor.

Übung I

Haben Sie einen Text, dem es an Spannung fehlt? Gut. Nehmen Sie ihn. Fragen Sie sich: Was ist der Konflikt? Und wer sind die Kontrahenten? Was will jeder der beiden? Was halten Sie (noch) geheim? Was verraten Sie wo? Bleibt offen, wie es weitergeht?

Dann fangen Sie an, den Text zu überarbeiten.

Wenn Sie keinen solchen Text haben, denken Sie sich eine Action-Szene aus. Eine Verfolgungsjagd im Auto? Eine Schießerei in einem Kaufhaus? Egal.

Und jetzt schreiben Sie die Szene!

Übung II

Spannung muss nicht immer Action bedeuten. Haben Sie noch Energie? Gut, versuchen Sie es dann einmal mit Spannung, die aus der inneren Entwicklung folgt.

Ihr Held fährt auf Einladung seiner Freundin Stunden mit dem Zug. Er träumt davon, dass sie die Frau seines Lebens sei. Auf dem Bahnsteig eröffnet sie ihm, dass sie sich von ihm trennen will. Der Held ist so geschlagen, dass er nichts sagt, sondern sich in den nächsten Zug setzt und zurückfährt.

Beschreiben Sie auch hier zuerst ihre Personen. Was sie wollen, folgt aus der Aufgabenstellung. Dann schreiben Sie die Szene. Legen Sie besonderen Wert auf die Rückreise und die Gefühle des Helden dabei. Hier ist innerer Monolog angesagt. Wer behauptet, dass ein innerer Monolog langweilig sei? Schon Hamlet bewies mit „Sein oder Nichtsein, das ist hier die Frage" das Gegenteil.

Übung III

Wird heute ein Professor eine Bombendrohung so leicht als missglückten Scherz abtun? Nach dem Anschlag vom 9.11. in New York, nach denen in Madrid, London und dem missglückten in Köln? Wie könnte die Szene aussehen, wenn der Professor die Räumung des Saales anordnet? Oder einige Studenten von sich aus fliehen? Aber sie stellen fest, dass die Türen versperrt sind? Und dann sitzen sie im Hörsaal fest?

Aktiv schreiben

Spannung baut sich nicht nur aus Personen und Konflikten auf, sie hängt auch mit der verwendeten Sprache zusammen. Fällt Ihnen dazu etwas im Text „Der Knall" auf? Markieren Sie im Originaltext einmal alle Hilfsverben („sein“, „werden“, „können“, „müssen“, „haben“) und alle schwachen Verben, Verben, die eher statisch wirken, nicht aktiv („sitzen“, „denken“, etc.). Davon gibt es viel zu viele, viel zu wenige Verben, die wirklich aktiv sind, die Bilder entstehen lassen. Auch das bremst den Text, lässt das Geschehen, das doch sehr dynamisch ist, statisch wirken.

Schauen wir uns als Beispiel einen Satz aus dem Text an: „*Unter den Studenten war ungläubiges Staunen die häufigste Reaktion.*“

„War ungläubiges Staunen die häufigste Reaktion” verwendet ein Hilfsverb („war“) zusammen mit zwei substantivierten Verben („Staunen“, „Reaktion“). Warum nicht gleich die Verben verwenden? Konstruktionen mit Substantiven statt Verben bremsen eine Geschichte, lassen sie passiv, uninteressant erscheinen, schaffen Distanz zum Geschehen und seinen Personen. Also: „Die Studenten reagierten mit ungläubigem Staunen.“

Ein bisschen besser, aber nicht viel. Weil immer noch ein substantiviertes Verb auftaucht („Staunen“) und „reagieren“ hier als Hilfskonstruktion benutzt wird. Also: „Die Studenten staunten ungläubig.“

Nein, das klingt eher lächerlich, auch wenn wir jetzt die komplizierte Konstruktion vereinfacht haben. „Staunen“ trifft nicht ganz die Situation. Zauberkunststücke werden bestaunt, neue Autos, aber Terroristen?

Was also taten die Studenten? Sie wachten auf, aber rührten sich nicht, sie taten zunächst nichts. Also: „Die Studenten saßen starr in den Bänken. Zwei lachten unsicher.“ Oder: „Die Studenten wachten auf, wagten aber nicht, sich zu rühren.“

Auch an anderen Stellen verwendet der Autor gerne „war“: Jede Reihe „war“ höher, es „war“ eine lange Woche gewesen, Gelächter „war“ zu hören. „Substantivierung“ nennt man es, wenn statt Verben („reagieren“)

Substantive („Reaktion")verwendet werden. „Nominalstil", wenn Substantive mit einem Hilfsverb Verben ersetzen.

Stattdessen sollten Sie starke Verb verwenden, aktiv schreiben. „Einige Studenten lachten leise" ist besser als „vereinzelt war leises Lachen zu hören".

Aktiv schreiben!

Leichter gesagt als getan. Warum ist das so wichtig?

Weil Ihre Geschichte damit ins Rollen kommt. Weil der Leser nicht den Eindruck gewinnt, hier handle es sich um einen Text, der paragraphenfreudig, bürokratisch, steif daherkommt. Der an die EU-Verordnung „Was ist Literatur?" oder den Kommentar zum Gesetz über „Literaturderivate und deren Bezuschussung" erinnert.

Wenig Substantive. Mehr Verben, vor allem starke, aussagekräftige („drohen" statt „wurde die Drohung geäußert") keine blutlosen Hilfsverben (können, haben, müssen, wollen), dafür anschauliche, die die Sinne ansprechen. Keine komplizierten Konstruktionen: „regte sich ihre Neugier wieder", „beschloss sie, die Pistole aus der Verfügungsgewalt des Mörders zu entwenden". Und vor allem: Keine Substantivierungen oder Partizipien, kein Nominalstil: „Zur Leiche gehend, wurde der Polizistin klar, dass es Dracula sein musste." Besser: „Als sie zur Leiche ging, begriff sie, dass Dracula vor ihr lag." Oder: „Sie ging zur Leiche und erkannte Dracula."

Natürlich gilt auch hier, wie immer: Die Dosis macht das Gift. Und was Sie erzählen wollen. Wenn der Eindruck von Umständlichkeit entstehen soll, oder Sie den Lesefluss verlangsamen möchten, dann müssen Sie nicht verzweifelt nach aktiven Verben suchen.

Merke: Spannung verlangt lebendige Figuren, einen Konflikt mit einer überraschenden Entwicklung und eine anschauliche, aktive Sprache.

Übung IV

Lesen Sie noch einmal den Text „der Knall“. Markieren Sie alle Stellen mit schwachen Verben, Hilfsverben und Substantivierungen. Ersetzen sie diese durch aktive, starke Verben und lassen sie die Szene dadurch lebendiger werden – immerhin handelt es sich um eine Szene mit viel Handlung!

Natürlich können Sie nicht jedes Hilfsverb ersetzen, manchmal sind diese einfach nötig. Aber vier von fünf sollten Sie schaffen.

Metaphern

Noch mal zur Sprache. Da steht „schallende Stille“ im Text. Das ist ein ungewöhnliches Bild, ganz gewiss. Jeder Autor lechzt nach ungewöhnlichen Bildern. Sagen nicht alle Deutschlehrer, alle Kulturredakteure, dass genau das Kunst und Literatur ausmacht? Jeder hat beim Schreiben Phasen, in denen er solche Bilder ausprobiert.

Aber das geht vorbei wie Schnupfen im November. Denn „schallende Stille“ ist zwar ungewöhnlich, wirft den Leser aber auch aus den Text. Und das ist das Schlimmste, was Sie tun können. Wenn Sie eine ungewöhnliche Metapher haben, die sitzt, die passt, nehmen Sie sie. Ansonsten ist Vorsicht geboten. Nur um der Originalität willen sollten Sie keine Metaphern, Stilelemente, Bilder verwenden. Überhaupt sollte ein Autor nichts „um der Originalität“ willen schreiben. Das geht in der Regel in die Hose. Was zählt, ist die Geschichte und das, was dort hineingehört. Alles andere sollte draußen bleiben, auch wenn es noch so originell ist.

Schallende Stille passt hier nicht, der Leser hängt an diesem Bild; statt der Geschichte zu folgen, denkt er über dieses Bild nach. Bilder und Metaphern sollen der Geschichte dienen, nicht umgekehrt.

A Mage's Tale

„Xiron, Xiron … dass du schon am ersten Tag des neuen Schuljahres wieder in meinem Büro stehen musst."

Der Sprecher war ein Mann, der seine besten Jahre bereits hinter sich hatte. Sein Haar begann bereits, einen leichten Grauton anzunehmen, wodurch es gut zu seiner Kleidung passte.

Er trug einen teuer aussehenden, grauen Anzug und nur sein langer, mitternachtsblauer Umhang mit dem aufgenähten Schulsiegel, zeichnete ihn als das aus, was er war: Der Direktor der ‚Flammenschwert' Kampfmagierakademie.

Der Mann hatte die Worte in einem resignierenden Tonfall ausgesprochen, wobei jedoch ein kleiner Hauch von Belustigung in seiner Stimme mitklang. Er ließ seine Worte ein wenig bei dem jungen Mann vor ihm einwirken und musterte ihn dabei mit einem aufmerksamen Blick.

„Dir ist sicherlich klar, dass du deinen Mitschülern keinen ‚Feuerball vor die Nase hämmern' darfst, wie du es so schön genannt hast."

„Ja, Herr Direktor", antwortete der Schüler ein wenig genervt. Er war in Versuchung, mit den Augen zu rollen, aber er kannte den Direktor zu gut, um zu wissen, dass das eine schlechte Idee wäre.

„Kann es sein, das du mich nicht ernst nimmst, Xiron?", fragte der Mann.

„Doch, Herr Direktor", behauptete Xiron.

„Gut", fuhr der Schulleiter fort. „Du kannst froh sein, dass das magische Dämpfungsfeld deinen Feuerball geschwächt hat. Die Augenbrauen von Herrn Alasser werden bestimmt bald nachgewachsen sein, deshalb werde ich dieses Mal von einer allzu strengen Bestrafung absehen. Sollte sich das aber wiederholen …"

Xiron war nicht dumm genug, das für eine leere Drohung zu halten. Sein Blick war weiterhin starr geradeaus gerichtet, während er darauf wartete, dass der Direktor seine Strafpredigt beendete. Dieser lehnte sich ein wenig vor und stützte sich mit den Ellbogen auf seinen Schreibtisch.

„Ich werde natürlich deinen Vater davon unterrichten. Und du darfst mir einen Aufsatz über die korrekte Verwendung von Feuerzaubern im Kampf schreiben, mindestens fünf Seiten, einzureichen bis Montag. Verstanden?“

Xiron wusste bereits, wie eine Standpauke des Direktors im Normalfall ablief. Meist führte er, selbst bei schwerwiegenden Vergehen, einen mehr oder weniger langweiligen Monolog, bei dem der Schüler nur an gewissen Stellen ein „Ja, Herr Direktor“ oder „Nein, Herr Direktor“ einfügen musste. Das war diesmal nicht anders.

„Ja, Herr Direktor“, antwortete er.

„Sehr gut.“ Er lehnte sich wieder zurück und zog eine kleine, goldene Taschenuhr aus der Brusttasche seines Anzuges und sah kurz darauf, dann nickte er. Gleichzeitig war das Läuten einer großen Glocke zu hören.

„Du kannst gehen, die Pause hat angefangen. Übrigens, ich hoffe, dass du mich dieses Schuljahr nicht zu oft besuchen kommst.“

Mit diesen Worten drehte der Direktor seinen Sessel halb zur Seite und sah hinunter auf den Hof. Xiron stand langsam auf und ging zur Tür. Er verließ das Büro des Direktors und schloss die Türe leise hinter sich, fuhr sich mit beiden Händen durch seine kurzen, dunkelbraunen Haare, lehnte sich an eine Wand und atmete tief durch.

„Schwein gehabt …“, murmelte er.

„Echt? Was hat er denn gesagt?“

Erschrocken fuhr Xiron herum.

Ein Mädchen mit braunen, leicht gewellten Haaren war an ihn herangetreten. Sie war nicht wirklich dick, aber als schlank konnte man sie ebenfalls nicht bezeichnen. Sie sah ihn lächelnd mit ihren blaugrünen Augen an.

„Doch nichts Schlimmes, oder?“, hakte das Mädchen nach.

„Oh … Rose, hi“, antwortete Xiron, als er seine Freundin erkannte.

Rosmarie Herold, oder kurz ‚Rose', war eine Klasse unter Xiron.

Während der Schulzeit waren die Beiden meist zusammen unterwegs. Mit den anderen Schülern verstand er sich zwar eigentlich ganz gut, trotzdem war Rose sein einziger wirklicher ‚Freund' – was nicht zuletzt an Xirons einzelgängerischem Gemüt lag.

„Du kennst den Alten ja. Er will es natürlich meinem Vater sagen, und außerdem soll ich," er schnitt eine Grimasse, „einen fünfseitigen Aufsatz über die ‚korrekte Verwendung von Feuerzaubern im Kampf' schreiben", fuhr er fort.

Rose lächelte nun noch breiter.

„Also wirklich nichts Schlimmes", meinte sie erleichtert.

„Sagst du. Ich meine, fünf Seiten, hallo? Ich weiß im Moment nicht mal, wie ich eine Seite zu dem Thema voll kriegen soll."

„Ach, das schaffst du doch mit Links. Ich habe Alasser eben gesehen, du kennst dich gut mit der ‚korrekten Verwendung von Feuerzaubern im Kampf' aus", kicherte sie. Xiron hob eine Augenbraue und sah Rose skeptisch mit seinen braunen Augen an.

„Na wenn du meinst … aber wenigstens habe ich bis Montag Zeit."

„Ich meine", bestätigte das Mädchen. „Aber egal, sag mal, was hast du nach der Pause? Stabkunde oder? Ich hätte so gerne auch schon Stabkunde."

Xiron lachte einmal kurz auf und grinste dann.

„Kann ich mir vorstellen. Ich bin auch schon gespannt auf Stabkunde, das heißt nämlich: nach diesem Schuljahr darf ich endlich außerhalb der Schule zaubern. Und wenn ich diesen Idioten Alasser dann auf der Straße sehe …"

Er ließ den unvollendeten Satz bedeutungsschwer in der Luft hängen.

„Naja egal, ich muss mich erstmal um den blöden Aufsatz kümmern. Wir sehen uns."

Er war gerade dabei, sich umzudrehen, als Rose ihn am Arm festhielt.

„Kommst du nicht mit in die Pause?", fragte sie verwirrt.

Xiron schüttelte den Kopf.

„Nein, ich geh in die Bibliothek, ich muss mir ein Buch über Feuermagie ausleihen, sonst krieg ich den Aufsatz nie hin."

„Ich komme mit!", verkündete Rose. Der junge Magier seufzte.

„Musst du nicht, ich krieg das auch allein hin. Geh lieber in die

Pause und fang dir noch den ein oder anderen Sonnenstrahl. Wir werden lange genug hier drin eingesperrt.“

„Quatsch“, erwiderte Rose. „Ich hab eh keine Lust auf Pause, ich kann dir auch einfach helfen, ein Buch zu finden.“

Xiron seufzte erneut. Das tat er oft, wenn Rose in der Nähe war.

„Wenn du meinst …“

„Ich meine!“, antwortete sie fröhlich.

Mit Rose an seiner Seite machte Xiron sich auf den Weg zum Innenhof der Akademie. Die Bibliothek befand sich in einem großen Turm, der früher als Burgfried gedient hatte und in der Mitte des Schulhofs stand.

„Du solltest dich auch nicht immer von Corben provozieren lassen. Das will er doch nur“, riet ihm Rose. Sie spielte damit auf Corben Alasser an, einen Schüler aus Xirons Klasse. Er und Xiron waren sich von Anfang an spinnefeind gewesen. Und er war auch der Grund, warum Xiron schon am ersten Schultag nach den Ferien ins Büro des Direktors geschickt worden war.

„Ach? Du meinst, er will, dass ich ihm die Augenbrauen weg brenne? Da hätte er auch einfach den Rasierer seines Vaters nehmen können. Oder den seiner Mutter“, antwortete Xiron sarkastisch. Diesmal war Rose mit Seufzen dran.

„Du weißt, was ich meine. Das nächste Mal, wenn er mit seinen Sticheleien anfängt, ignorier ihn und mach eine Faust in der Tasche“, riet sie ihm.

Harry Potter und das Kopieren

Ein junger Nachwuchszauberer vor dem Direktor der Kampfmagierakademie. Klingt das wie Harry Potter? Ja, das ist Harry Potter. Zwar ist der auf einer gewöhnlichen Magierschule, hier ist es eine Kampfmagierakademie, doch ansonsten gleicht sich alles. Die Freundin Hermine, die hier Rose heißt, sich aber auch gut auskennt; der strenge Direktor, dem aber insgeheim die selbständigen Zaubereien seines Schülers imponieren, auch wenn er sie natürlich unterbinden muss; der Intimfeind, der hier nicht

Draco Malfoy, sondern Corben Alasser heißt.

Also ein Plagiat? Eine Kopie eines erfolgreichen Buches?

Alle haben kopiert: Egal, ob sie Shakespeare, Goethe, Brecht oder Tolkien hießen. Wie oft wurde Romeo und Julia neu erzählt? Niemand weiß es, aber sicher mehr als hundert Mal. Auch den Faust hat sich Goethe nicht aus den Fingern gesaugt, sondern sich von einem Kolportageroman aus dem achtzehnten Jahrhundert und einem Puppenspiel inspirieren lassen. Beide waren ihrerseits Überarbeitungen früherer Texte.

Autoren leben von den Werken ihrer Kollegen.

Aber: Sie bereiten diese neu auf. Goethes Faust ist ein anderer als der von Pfitzner oder Marlowe. Brechts Mutter Courage unterscheidet sich von Grimmelshausens „Landstörtzerin Courasche".

Sonst wäre es auch langweilig.

Auch wenn Verlage Kopien lieben, auch wenn jeder Verlag, sobald eine neue Idee Erfolg hatte, seine Hausautoren beauftragt, genau das gleiche nochmals zu schreiben, gilt: Reine Kopien, ein paar Namen verändert, ein bisschen unterschiedliches Kolorit, das alles macht noch keinen guten oder gar neuen Roman. Der Leser ist verstimmt. Kühe lieben Wiedergekäutes, Menschen eher selten.

Wer kopiert, sollte seine eigene Geschichte daraus machen.

Nichts dagegen, sich von einem Buch anregen zu lassen, das einem gefallen hat. Jeder, der einen Autor liebt, wird von ihm inspiriert, von seinem Stil, seinen Figuren, seiner Handlung. Das ist normal, das hilft den eigenen Stil zu entwickeln.

Fantasy-Fans kopieren Tolkien, das Internet ist voll von solchen Kopien. Literarische Fans kopieren Raimund Carver und Judith Herrmann, die Texte des Klagenfurter Bachmann Preises zeigen es.

Aber irgendwann ist die Lehrzeit vorüber, irgendwann muss man die eigene Stimme entwickeln, irgendwann sollte jeder Autor seine eigene Geschichte schreiben. Die mag weiterhin an große Vorbilder angelehnt sein, aber sie sollte sie nicht sklavisch nachahmen, sondern eine eigene Version erzählen.

Leichter gesagt, als getan.

Wie kann man das erreichen? Schließlich ist da die Vorlage, so wunderbar gut, so beeindruckend, dass man gar nicht erst auf die Idee kommt, man könne eine eigene Version dieser Geschichte erstellen. Aber man kann. Dazu braucht man Unterschiede.

Sehen wir uns „Xiron" noch mal an. Was unterscheidet ihn schon jetzt von dem Vorbild „Harry Potter"?

Einmal ist es eine Akademie für Kampfmagier, also nichts Ziviles wie Hogwarts. Eine Art militärische Ausbildung, dürfen wir vermuten.

Wie sieht dieses Militär aus? Preußische Soldatenstiefel? Hart, aber gerecht? Oder gnadenloser Kommiss, sadistische Schleifer? Oder ein Umfeld wie in „Die Verwirrungen des Zöglings Törless", dekadent-abartig wie die k.u.k. Monarchie? Amerikanisch wie die Offiziersakademie Westpoint? Gibt es einen Ehrenkodex und wie sieht der aus?

Die nächste Frage: Worin unterscheidet sich der Direktor von Dumbledore? Noch klingt er wie ein jüngerer Bruder des berühmten Vorbilds. Er strahlt Autorität aus, hat aber Mitgefühl für die Streiche seines Zöglings.

Und er trägt einen teuren Anzug. Ein Militär mit teurem Anzug? Das ist weder Dumbledore, noch der Kommissstiefel, den wir als Leiter einer militärischen Akademie erwarten. Damit lässt sich arbeiten. Lassen wir mal den Magierumhang über dem Anzug fort, das ist Harrys Direktor. Ein Direktor in teurem Anzug, nicht in Uniform. Ein Dandy? Ein Militär, der betonen will, das er gebildet und nicht „militärisch engstirnig" ist? Das lohnt sich, zu entwickeln.

Und Xiron selbst? Ein wenig Harry Potter, sicher. Aber auch ein wenig Tom Sawyer, nicht so introvertiert wie Harry. Ein bisschen schlitzohriger. Auch das lässt sich weiterentwickeln. Wie? Indem man eine Personenbeschreibung von ihm anfertigt, sich nicht sagt: „So muss er sein“, sondern sich hinsetzt und alles aufschreibt, was einem über Xiron in den Sinn kommt. Das steht später nicht im Roman, ist aber eine notwendige Vorbereitung dafür.

„Hi Leute, ich bin Xiron. Seit drei Jahren lebe ich an der Flammenschwert-Akademie. Seit fünf Generationen haben alle meiner Familie dort studiert. Eigentlich nervig, aber wenn man's einmal raus hat, wie es hier läuft, kann man sich arrangieren …“

Was ich im Kapitel „Personen“ gesagt habe, gilt auch hier. Lassen Sie Ihre Personen lebendig werden. Entwickeln Sie sie.

Übung I

Schreiben Sie eine Charakterisierung Xirons. Wie sieht Ihr Xiron aus, welche Eigenschaften hat er, mit welcher Stimme erzählt er von sich?

Wenn Sie fertig sind (erst dann!) listen Sie auf, worin er sich von Harry Potter unterscheidet.

Was ist mit Rose? Auch sie erinnert noch stark an Hermine. Gönnen wir auch ihr ein eigenes Leben. Wie sieht sie aus? „Nicht wirklich dick, aber auch nicht schlank“ sagt noch wenig. Was fällt Xiron an ihr auf? Mit welchem Satz würde er ihr Äußeres beschreiben? Der Leser muss nicht alles wissen, oft ist es besser, ein, zwei herausragende Eigenschaften zu nennen, aus denen er sich dann ein eigenes Bild baut.

Fällt Ihnen an Rose noch etwas auf? Falls nicht, lesen Sie noch einmal den Text.

Dort, wo Rose auftaucht, verliert die Geschichte an Tempo. Woran liegt das? Das liegt daran, dass wir hier immer wieder zurück in die Vergangenheit springen, erfahren, wie Xiron zu ihr steht, dass sie sein einziger Freund ist. Diese Rückblenden bringen uns Rose und ihre Beziehung zu Xiron nicht wirklich nahe, hemmen aber den Lesefluss.

Sind diese Rückblenden überhaupt nötig?

Es gäbe zwei andere Möglichkeiten, Rose und ihre Beziehung zu Xiron zu schildern. Entweder erfahren wir das durch die Handlung häppchenweise im Verlauf der Geschichte. Oder – und das halte ich für besser – wir lassen die Freundschaft hier, an dieser Stelle beginnen. Xiron hat einem anderem Schüler einen Feuerball vor die Nase gehämmert, wurde zum Direktor zitiert, aber das beeindruckt ihn nur mäßig. Eher macht er sich Sorgen um den Aufsatz, den er nun schreiben muss. Und plötzlich spricht ihn ein Mädchen an. Bisher hat er sie nicht beachtet. Schließlich ist sie eine Klasse unter ihm. Aber jetzt …

Da muss nichts mehr erklärt werden, Rückblicke, Erläuterungen sind unnötig, wir erfahren alles direkt durch den Fortgang der Handlung.

Zurück zu den Personen. Vielleicht sieht Ihr Direktor ganz anders aus, als einer von denen, die ich angedeutet habe? Für die Begegnung Roses und Xiron und deren Vorgeschichte haben Sie eine ganz tolle Idee, nur entspricht sie nicht dem, was ich gesagt habe?

Prima! Schreiben Sie es auf!

Ich bin nicht der Gott der Geschichten, meine Worte sind keine Bibel, sie sollen Sie vielmehr anregen. Welche Lösung Sie wählen, ist Ihre Entscheidung, es ist Ihre Geschichte. Wenn bei Ihnen eigene Ideen zum Leben erwachen, habe ich meine Aufgabe getan.

12 Möglichkeiten

Aber wie kommt ein Autor auf neue Ideen und alternative Lösungen, die seine Geschichte weitertreiben? Was tun, wenn sich partout kein Ideenstrom einstellen will?

Da sitzt der arme Poet in seiner Kammer und denkt nach, er braucht etwas Neues, aber nichts, gar nichts fällt ihm ein. Jeder Einfall ist abgedroschen oder einfach zu absurd, ein Deus ex machina. Nie würde sein Held, der unsportlich, dick und unbeweglich ist, plötzlich den Weltmeister im Karate samt seiner ganzen Gang im Faustkampf besiegen. Was für eine absurde Idee! Doch leider, absurde Ideen sind die einzigen, die dem armen Autor einfallen. Vielleicht sollte ich es doch mit Bauchtanz versuchen, denkt er, vielleicht ist Schreiben wirklich nicht mein Fall? Er zerbricht seinen Bleistift, zerknüllt sein leeres Blatt Papier und meldet sich bei der VHS an.

Am nächsten Morgen, als er sich rasiert, macht es KLICK! und er schneidet sich tief in die Wange. Das ist die Lösung! Er hat doch noch Ideen, stürzt aus dem Bad, fischt Bleistift und Papier aus dem Abfalleimer und schreibt drauflos, während Blut aufs Papier tropft. Ideen kommen unverhofft.

Der innere Zensor

Eine Szene mag nur fünf Sekunden dauern, aber sie zu schreiben kann fünf Wochen oder länger in Anspruch nehmen. Und der größte Feind bei der Ideenfindung ist der eigene Zensor im Kopf, der, sobald eine Idee unfertig und ohne Zähne das Licht der Welt erblickt, aufheult: „So ein Quatsch!" Deshalb kommen Ideen meist dann, wenn der innere Zensor schläft.

Als erstes müssen Sie für eine Weile diesen Zensor abschalten. Keine Sorge, er wird später wieder gute Dienste tun, aber bei der Ideenfindung ist er überflüssig. Es geht um Ideen, je mehr, desto besser.

Sie haben schon ein paar Szenen, in denen Held und Antagonist sich begegnen? Fein. Schreiben Sie also Ihre bisherigen Ideen auf, ein Satz pro Idee. Und dann lassen Sie sich weitere einfallen. Wenn Ihre Einfälle zu stocken drohen, fragen Sie sich: Was will mein Protagonist? Was will sein Gegenspieler, der Antagonist?

Mein Held sieht Windmühlen und denkt, es seien Riesen. Er legt die Lanze ein und …

Nicht gut?

HAAAAALT! Darum geht es nicht. Wir sammeln Ideen und der Zensor ist ausgesperrt. Das ist eine Idee. Bewerten können wir sie später. Suchen Sie keine glaubhaften Konflikte. Suchen Sie vor allem nicht nur eine Lösung. Denken Sie sich zwölf aus, egal, wie absurd, lächerlich, unbrauchbar sie auch erscheinen mögen. Wenn Ihr innerer Zensor schreit: „So ein Quatsch", dann verbieten Sie ihm das Maul. Oder schicken Sie ihn spielen.

„Vielleicht eine Windmühle?", überlegte Cervantes vor fünfhundert Jahren.

„Eine Windmühle", kreischte der Zensor in seinem Kopf, „ein Ritter, der eine Windmühle bekämpft? Hat jemand schon so etwas Absurdes gehört? Willst du dich lächerlich machen?"

Cervantes hat nicht auf den Zensor gehört. Und genau das sollten Sie auch nicht tun. Erst wenn Sie zwölf Zusammenstöße haben, sollten Sie überlegen, welcher für Ihre Geschichte in Frage kommt.

Zwölf ist kleiner als eins

Das geht nicht? Sie finden nicht mal eine? Sie werden lachen, aber es funktioniert. Es ist leichter, zwölf Lösungen zu finden als eine! Probieren Sie es aus. Die Methode funktioniert nicht nur bei dem Plot eines Romans, sie lässt sich auch für die Entwicklung einzelner Szenen nutzen.

Damit die Lösungen etwas einfacher werden, können Sie die Anregungen der folgenden Liste benutzen. Dort stehen dreizehn Stichworte mit je einem Beispiel (privat, absurd, etc.). Aber wenn Sie ohne die Liste weiterkommen, um so besser.

Also los. Sie haben zwei Figuren, den Protagonisten (P.) und den Antagonisten (A.), herkömmlich unter den Namen „Held" und „Bösewicht" bekannt. Die beiden können sich nicht ausstehen, haben gegensätzliche Ziele und jetzt begegnen sie sich. Was passiert? Und wo passiert es?

Zwölf Muster

1. privat: P. und A. begegnen sich auf der privaten Party eines gemeinsamen Bekannten, der sie miteinander bekannt macht. Wie reagieren die beiden?
2. beruflich: Nichts ahnend betritt A. die Firma, in der P. arbeitet. Er will etwas verkaufen. Sein Anliegen führt ihn ausgerechnet in das Büro von P.
3. Krimi: P. und A. waren in einem Nachtclub. Als sie ihn ziemlich angeheitert um drei Uhr morgens verlassen, begegnen sie sich im Ausgang. Draußen steht nur ein Taxi.
4. Romantisch: P. und A. lernen unabhängig voneinander eine Frau kennen, die beide interessiert (oder, im Fall heterosexueller Frauen bzw. homosexueller Männer: Sie lernen einen Mann kennen).
5. Absurd: Beide qualifizieren sich für ein Quiz. Der Quizmaster teilt sie so ein, dass sie ein Team bilden müssen.
6. Magisch: A. kennt einen Woodoo Zauberer und sucht ihn auf. Er soll P. impotent zaubern. Aber auch P. kennt einen Zauberer und kauft sich dort eine Viagra-Magie.
7. Ausgeflippt: A. kriegt eine Midlife-Crisis und beschließt ab sofort, biodynamische Ananas in Sibirien zu züchten. Dort begegnet er P., der grade eine Rentierfarm aufbaut,

ausgerechnet auf dem Grundstück, das A. für seine Ananas vorgesehen hat.
8. Hobby: P. erfährt, dass A. jede Woche zur gleichen Zeit in einem Briefmarkenclub verkehrt. Na warte, denkt er, beim nächsten Abend wird etwas Unerwartetes passieren.
9. Verwandtschaft: Versehentlich beleidigt P. seine Erbtante, auf deren Erbe er so bitter angewiesen ist. A. erfährt es und macht sie zu seiner Verbündeten.
10. Verkehr: Der Jaguar E ist A.s größter Stolz. Nie hat die Maschine ihren Dienst versagt. Bis P. auf die Idee mit dem Zucker im Tank kommt.
11. Moralisch: A. bekommt das größte Geheimnis von P. heraus, das dieser nicht mal seinem besten Freund erzählt hätte und versucht ihn damit zu erpressen, damit P. ihn unterstützt.
12. Thriller: A. ist die Weltvernichtungsbombe eines Diktators übergeben worden. P. jagt ihm nach. Als er den Flughafen betritt, besteigt A. grade das Flugzeug.
13. Internet: P. ist Mitglied einer Email-Krafttrainingsgruppe. A. besorgt einen Hacker und der beleidigt mit P.s Unterschrift solange die Listenmitglieder, bis der Listenmoderator P. mit Schimpf und Schande davon jagt und sein Name ans schwarze Warnungsbrett des Providers gehängt wird.

Einige dieser Lösungen sind völliger Unsinn? Richtig. Aber sie helfen, brauchbare zu finden. Welche Lösungen nachher tatsächlich verwendet werden, spielt zunächst keine Rolle.

Übung II

Finden Sie zwölf Möglichkeiten, wie sich Xiron und Rose erstmals kennen gelernt haben. Oder suchen Sie sich eine Stelle in einem Ihrer Texte, an der Sie nicht weiterkommen oder das Gefühl haben, da fehlt noch etwas. Sie müssen nicht die Stichworte (romantisch, beruflich, etc.) obiger Liste benutzen. Nur eins sollten sie: Zwölf Lösungen für Ihr Problem erfinden und kurz anreißen.

Welche das sind, bleibt Ihnen überlassen. Also lassen Sie Ihre Phantasie spielen, wenn Sie in der Schlange beim Einkaufen stehen oder in der Straßenbahn. Alles ist erlaubt. Aber zwölf müssen es mindestens sein.

Haben Sie zwölf Lösungen?

Gut. Denn jetzt, nach dem freien Flug der Fantasie, kommt Überlegung zum Zuge. Nicht „zwölf Alternativen" heißt jetzt die Aufgabe, sondern: Sind die Lösungen brauchbar? Oder könnten sie verbessert werden?

Natürlich gibt es einige Fragen, die Sie sich dazu überlegen sollten. Am besten nicht gleichzeitig, sondern nacheinander. Jetzt also darf Ihr Zensor vom Spielplatz heimkommen, die Klappe aufreißen und die Fragen beantworten. Aber eins darf er nicht: Eine Lösung verwerfen.

08/15-Lösungen

Jeder, der mehr als einen Western gesehen hat, kennt diese Szene. Die letzte Patrone ist verschossen, die heulenden Wilden galoppieren um die Wagenburg, merken, dass von dort keine Schüsse mehr fallen, ihre Gesichter verziehen sich zu blutrünstigen Fratzen, langsam und genüsslich ziehen sie ihre Tomahawks, um die nun wehrlosen Siedler zu skalpieren. Die Ersten sind schon ins Innere gedrungen, einer hat ein wehrloses, wunderschönes Mädchen an den Haaren, die Sonne blitzt auf der Schneide, die langsam niedersinkt (die Schneide, nicht die Sonne), um ihr grausames Werk zu vollenden. Da, ein Trompetensignal. Die Kavallerie erscheint, rettet Mädchen, Siedler und Amerika, die Wilden jagen feige davon, der Offizier und das Mädchen sinken sich seufzend in die Arme, Tusch, der Vorhang fällt.

Beim ersten Mal ist das spannend. Die vierte Wiederholung ruft bestenfalls Gähnen, schlimmstenfalls Gelächter und böse Bemerkungen aus dem Zuschauerraum hervor.

Eine Geschichte soll etwas Neues, Unerwartetes erzählen oder etwas Altbekanntes auf neue Art und Weise. Sonst lohnt es sich nicht, sie zu erzählen, lohnt es sich nicht, sie anzuhören. Da schaut man sich lieber gleich das Original an („Stagecoach"), statt das 123. langweilige Remake.

Also sollten Sie Ihre Lösungen daraufhin prüfen, ob sie nicht einfach ein Abklatsch schon erzählter Geschichten sind, ob der Leser nicht schon Stunden vorher weiß, was kommen wird.

Deus ex Machina

Das genaue Gegenteil ist der Deus ex Machina. Der Autor will eine originelle Lösung, hat aber keine glaubhafte. Die Heldin muss gerettet werden, der Autor weiß aber nicht wie. Also wird eine Lösung an den Haaren herbeigezogen. Und passt sie nicht willig, so braucht er Gewalt.

Unter den Siedlern ist ein nichtssagender kleiner Mann, den niemand ernst nimmt. Aber jetzt, ohne Patronen, wächst er über sich hinaus. Der Autor verleiht ihm aus heiterem Himmel die Fähigkeit Old Shatterhands, einen Mann mit einem einzigen Faustschlag zu betäuben. Er probiert es zum ersten Mal, aber es klappt auf Anhieb. Der Wilde, der sich gerade seinen mühsam verdienten Skalp holen will, bricht röchelnd zusammen. Binnen kurzem liegen 123 Indianer betäubt auf dem Boden, ein einziger Mann hat sie besiegt.

Wenn es keine Satire sein soll, hat der Leser das Gefühl, der Autor wolle ihn verarschen. Nicht, dass dies nicht öfter vorkommt, mancher berühmte Autor hat sich nicht gescheut, die absurdesten Lösungen zu verwenden. Und natürlich passieren im täglichen Leben wie in Büchern die unglaublichsten Zufälle. Aber gerade in den wichtigen Szenen sollte es möglichst wenige Zufälle geben, die der Autor einfach mangels eigener Ideen einführt, um seine Figuren zu retten.

Wenn die Kavallerie im letzten Moment kommt, weil sie gerade „zufällig" in der Gegend war, haben wir den Deus ex Machina. Wenn sie den Indianern hingegen gefolgt ist und absichtlich erst in letzter Minute eingreift, um alle Indianer leichter fangen zu können, ist es kein Zufall mehr. Und auch kein Deus ex Machina.

Die Lösung muss zu Ihrer Geschichte passen, sie sollte den Leser zwar überraschen, aber auch glaubwürdig und möglich sein. Und zwar im Rahmen Ihrer Geschichte. Die riesige denkende Miesmuschel mag noch so phantastisch sein, noch so einfallsreich, in eine realistische Agentenstory passt sie nicht. In einer märchenhafte Geschichte oder in einer Satire hätte sie durchaus Platz.

Die Personen

Ihre Lösungen sollten außerdem zu den Personen passen.

Ihre Heldin sitzt im Flugzeug nach Sibirien, um die letzten Exemplare der Kamtschatka-Schnurrbartrobbe gegen die Umweltmafia zu verteidigen. Plötzlich verstummt das Dröhnen der riesigen Flugzeugturbinen. Der Lautsprecher ermahnt die Passagiere, die Sicherheitsgurte anzulegen und, nein, keine Panik bitte! Was wird die Heldin denken und tun, sobald sie merkt, dass das Flugzeug binnen kurzem auf dem Wasser aufschlagen wird?

Wenn sie der weibliche James Bond in einer Fernsehserie ist, wird ihr blitzschnell eine Lösung einfallen, um sich und die Passagiere zu retten. Angst hat sie auch keine, denn sie weiß: „Ich kann nicht sterben, sonst könnte die Serie nicht weitergehen."

Die geglückte Rettung verändert die Heldin auch nicht.

Sie hat dadurch nichts gelernt, sie ist nicht klüger, mutiger, feiger geworden, sondern bleibt so, wie die Serie es vorschreibt.

Falls es sich nicht um eine Serie handelt und die Heldin zum ersten Mal in ihrem Leben in Lebensgefahr gerät, dann muss die Lösung für Ihre Heldin machbar sein. Sie kann ruhig all ihre Kräfte anstrengen, an die Grenze ihrer Möglichkeiten gehen.

Wenn sie technisch versiert ist und Erfahrung mit der Wartung und Reparatur eines Flugzeuges hat, wäre es denkbar, dass sie die Ursache der Sabotage entdeckt und behebt. Wenn sie allerdings eine verträumte Umweltschützerin ist, die Technik verabscheut und sie nur nutzt, wenn es unbedingt nötig ist, verbietet sich diese Lösung.

Und was würde sie aus dem Vorfall lernen? Wenn sie vorher eine verträumte Umweltschützerin war, ist sie jetzt härter, realistischer geworden? Oder will sie jetzt das ganze Unternehmen aufgeben, denkt sie: Es hat doch keinen Zweck, gegen die komme ich nicht an? Oder eine Kombination: Sie gibt erst auf, aber dann fasst sie doch wieder Mut?

Lösungen verbessern, statt verwerfen

Gerne werden Lösungen verworfen, weil sie Unfug oder Kitsch sind. Vorsicht! Oft kann man nämlich mit Hilfe von Unfug oder Kitsch durchaus sinnvolle Lösungen finden.

Der sechzehnjährige Verdächtige packt die zierliche Detektivin und wirft sie aus dem Fenster im sechsten Stock. Damit wäre die Geschichte zu Ende, die Heldin tot. Nicht sehr sinnvoll? Also weg damit?

Vorsicht! Überlegen Sie einmal, wie das praktisch vor sich gehen würde. Die Detektivin wiegt, auch wenn sie zierlich ist, vermutlich fünfzig Kilo oder mehr. Haben Sie schon mal einen Sack Kartoffeln mit fünfzig Kilo aus dem Fenster geworfen? Eben! Wenn der Sechzehnjährige nicht grade Juniormeister im Schwergewicht ist, dürfte ihm das nicht leicht fallen. Vielleicht versucht er es. Aber scheitert. Schließlich wird die Detektivin, anders als der Kartoffelsack, sich wehren.

Vielleicht gelingt es dem Jungen nicht und er erschrickt über seine Tat? Nicht unwahrscheinlich. Vielleicht bricht er jetzt zusammen und erzählt, was er bisher geheimgehalten hat? Wäre möglich.

Sie sehen, auch Lösungen, die zunächst unsinnig scheinen, können anders betrachtet brauchbar werden.

Übung III

So, jetzt genug der Theorie. Schauen Sie sich Ihre Lösungen noch einmal an und überarbeiten sie. Prüfen Sie die Lösungen mit folgenden Fragen:

1. Ist es eine 08/15-Lösung? Könnte man ihr eine unerwartete Wendung geben?
2. Ist es ein „Deus ex Machina“? Wie könnte man das vermeiden?
3. Passt die Lösung zu den beteiligten Personen? Könnten, würden diese so handeln?

Karoline

{1} Der Mann, der in diesem Neubauviertel den Busverkehr eingerichtet hat, hatte es nie eilig. Oder fuhr das Familienauto.

{2} Erst hatte ich mich bei meiner Freundin Roswitha festgequatscht, wollten die Zwillinge lieber Roswithas neue Fingernägel ausprobieren und nicht zum Schwimmen gehen. „Tante Roswitha hat immer so schöne Sachen, Fingernägel zum Ankleben und so." Katja stand vor dem Spiegel, stützt ihre Nase auf ihren Daumen, der angeklebte Plastenagel reichte fast bis an ihre Augen. Julia sah ihre Schwester bewundernd an und fügte hinzu: „Und goldene Ringe, ganz viele."

„Ach, Julchen", Roswitha lächelte meine Tochter an, „manchmal nutzen einem die vielen Ringe nichts. Da braucht man nur einen."

„Aber Tante Roswitha, du hast doch noch einen Finger frei. Da kannst du noch einen Ring raufmachen."

„Karoline, deine Tochter hat zu viel Vertrauen zu den Männern."

Roswitha kann Männer gut leiden und spricht herablassend über sie.

„Roswitha, hast du dich mit meinem Mann gestritten?", hatte ich sie noch gefragt. „Ich hatte gestern ein ziemlich heftiges Telefongespräch mit ihm."

{3} Ich streite am Telefon nicht gern mit Gernot. „Du bist am Telefon so offiziell wie ein Anrufbeantworter," hatte ich ihm einmal vorgeworfen, als er schon einige Zeit in Stuttgart war. Er hatte geantwortet, es würden immer Kollegen im Zimmer sein, das müsse ich berücksichtigen.

{4} „Er hat sich strikt geweigert, die Mädchen heute von dir abzuholen," begründe ich meine Frage.

„Karoline, du weißt, ich streite dir zuliebe nicht mit deinem Mann. Ich bin ja nicht mit ihm verheiratet. Er war neulich Abend nur sauer über die sexy Stimme am Telefon. Sag mal, wer war

das?" Und als ich nicht antwortete: „Was, du weißt von nichts? Der hat den Anruf überhaupt nicht erwähnt, wo ich fast mit ihm mit dem Kopf zusammengestoßen bin? Und der findet wirklich, ich soll Friedhelm sein Geld nicht für lange Fingernägel ausgeben?"

{5} Alle Empörung über Gernot aus der letzten Zeit gipfelte in dieser Frage.

Und als sie aus mir herausgefragt hatte, dass Gernot und ich schon seit Wochen „wie Oma und Opa" leben, wie sie es diskret und direkt umschrieb, sagte sie plötzlich ganz ernst: „Und Gernot hat sich nur widerwillig für dich einen Nachmittag freigenommen? Frage ihn mal, ob er eine Freundin hat!" Weil Roswitha ausdrücklich hochdeutsch gesprochen hatte, war das keine Frage sondern ein Auftrag.

{6} „Tante Roswitha, borgst du uns deine Fingernägel? Oder schenke uns welche zu Weihnachten. Rote und silberne. Oder einen Gameboy."

Damit den beiden Mädchen nicht noch mehr Ideen einfielen, hatte ich sie ziemlich heftig zum Losgehen überredet.

„Du kannst ja richtig energisch sein. Nimm's als Vorübung."

Das war Roswithas letzter Ratschlag. Sie hat gut Ratschläge geben als langjährig geschiedene Ehefrau mit anhänglichem Ehemann Friedhelm und Kollegen, die ihr mit blanken Augen nachsehen. Sie ist meine einzige Freundin, deren Besuche mein Mann nicht als Einmischung in unsere Ehe angesehen hat. Das ist vorbei, seit zwei Wochen vorbei.

{7} Unsere Töchter Jule und Katja schwimmen mit Roswithas Sohn Tommi in einer Trainingsgruppe. Gewöhnlich teilen wir uns das Hinbringen und Abholen, mehr ich, seltener Gernot. Er ist entweder in Stuttgart oder hat eine Beratung mit Geschäftspartnern, das muss ich einsehen, er verdient doch jetzt mehr als ich. Da kann er nicht kommen und gehen, wie er will.

„Außerdem kannst du auf dem Rückweg gleich einkaufen. Ich hole doch wieder das Falsche. Und bringe zum Abendbrot eine

hübsche Kleinigkeit mit. Dr. Gebauer war neulich mit uns zu einem asiatischen Essen, Shopping oder so.

{8} Zum Abholen eignet sich Roswitha besser. Unsere Kinder sind zwar nicht die schnellsten, aber die lautesten. Und darüber spricht der Trainer lieber und sanfter mit ihr.

{9} Es war eigentlich ein schöner Abend gewesen vor vierzehn Tagen. Gernot hatte dezent mit Roswitha geflirtet, während ich versucht hatte, die Kinder zum Aufräumen zu bewegen. Friedhelm musste jeden Augenblick kommen. Er würde mir einen Blumenstrauß mitbringen und Roswitha eine Rose überreichen. Ach was, überreichen, Friedhelm legt Rosen zu Füßen. Besonders, wenn er sich um eine Winzigkeit verspätet. Das Telefon hatte geklingelt. Roswitha war mit dem Ruf „Das ist Friedhelm!" einen Schritt vor Gernot am Telefon gewesen. Es war nicht Friedhelm.

„Hier, Gernot, eine Verehrerin für dich. Die hat aber eine sexy Stimme."

Und von diesem Moment an hatte mein Mann meine Freundin nicht leiden können.

Zeit und Szenenfolge

Eine Ehefrau erzählt. Sie erzählt gut, für sich genommen hat jeder der Abschnitte eine eigene Stimme.

Aber als Ganzes musste ich den Text mehrmals lesen. Hatte ich mal gesagt, dass viele Anfänger zuviel erklären? Nun, man kann auch zuwenig erklären, wie man an diesem Text sieht. Nicht, dass ich hier auf eingeschobene Erläuterungen des Autors pochen möchte, aber der Leser sollte sich orientieren können. Und das fiel mir beim Lesen schwer. Dafür gibt es gleich mehrere Gründe, die sich gegenseitig verstärken und zur Desorientierung beitragen.

Als erstes wäre da die Erzählzeit. Jeder Roman wird in der Zeit erzählt, die der Autor wählt. Man kann in der Gegenwart erzählen oder in der Vergangenheit. Diese einmal gewählte Zeit sollte man beibehalten. Die Haupterzählung ist entweder in der Vergangenheit oder in der Gegenwart geschrieben.

Doch wie steht es hier mit den Zeiten?

„Erst hatte ich mich festgequatscht“ (Plusquamperfekt). *„Katja stand vor dem Spiegel (Imperfekt), stützt (Präsens) ihre Hände …“*

Dieser Wechsel zieht sich durch den ganzen Text, ohne dass es dafür einen Grund gibt, aber dafür hat er eine Wirkung: Er verwirrt. Wann geschah eigentlich das, was gerade erzählt wird?

Als erstes müssen wir also die Zeit einheitlich festlegen. Soll die Hauptszene in der Gegenwart oder in der Vergangenheit erzählt werden? Damit bestimmen wir auch die Zeit für den ganzen Roman.

Vergangenheit wäre der Standard. Traditionell erzählen Romane in der Vergangenheit und orientieren sich damit an dem, wie wir üblicherweise unsere Erlebnisse erzählen, die ja alle Vergangenheit sein müssen, bevor wir sie anderen mitteilen: „Heute morgen habe ich Brötchen gekauft.“ „Gestern bin ich Auto gefahren.“

Doch mittlerweile wird auch die Gegenwart als Erzählzeit akzeptiert. „Ich fahre zum Bäcker, bestelle mir eine Geburtstagstorte und als ich rausgehe, wer steht vor mir?“, ist längst nicht mehr ungewöhnlich. Diese Zeit zieht den Leser eher in die Geschichte hinein, lässt das Geschehen unmittelbarer wirken, orientiert sich am Film, wo auch alles „gerade jetzt“ geschieht oder zumindest dem Zuschauer suggeriert wird. Ich meine, dass für diese Geschichte die Gegenwart als Erzählzeit eine gute Wahl wäre. Nehmen wir also die Gegenwart für diese Geschichte.

Ein zweites Problem des Textes sind die Rückblenden, Geschehnisse, die vor der Haupterzählung passiert sind. „Es war eigentlich ein schöner Abend gewesen …“, blickt vierzehn Tage zurück auf ein Abendessen und einen Anruf.

Auch Rückblenden benötigen ihre eigene Erzählzeit. Spielt die Haupterzählung in der Gegenwart, dann sind die Rückblenden in der Vergangenheit (Perfekt oder Imperfekt):

„Die Zwillinge wollen Roswithas neue Fingernägel ausprobieren. (Präsens) Vor einem Jahr haben diese sie noch nicht interessiert. (Perfekt).“

Erzähle ich dagegen in der Vergangenheit, sind Rückblenden in der Vorvergangenheit (Plusquamperfekt):

Die Zwillinge wollten Roswithas neue Fingernägel ausprobieren. (Imperfekt) Vor einem Jahr hatten diese sie noch nicht interessiert. {Plusquamperfekt).

Da die Haupterzählung in der Gegenwart spielen soll, müssen also die Rückblenden in der Vergangenheit, nicht in der Vorvergangenheit erzählt werden.

Ein drittes Problem hat „Karoline“. Nicht nur die Zeiten ändern sich willkürlich, die Verwirrung wird auch dadurch gesteigert, dass Ort und Geschichte oft wechseln. Im ersten Absatz {1} haben wir eine allgemeine Erläuterung zum öffentlichen Verkehr in dem Neubauviertel. Auf diese kommt der Text aber nicht zurück.

Dann der Abschnitt mit den Zwillingen{2}, der uns Roswitha, die beste Freundin der Ich-Erzählerin, vorstellt. Ein gutes Beispiel, wie man ohne zu behaupten, einfach durch eine Szene eine Person vorstellt.

Dann eine Bemerkung der Erzählerin über ihren Mann Gernot, der am Telefon offiziell ist {3}.

Zurück zur Szene aus {2}, die hier {4} damit fortgesetzt wird, dass Karoline und Roswitha sich über Gernot unterhalten.

Dann wieder eine Rückblende {5}: Roswitha hat erfahren, dass die Ich-Erzählerin und ihr Mann „wie Oma und Opa“ zusammenleben. Hier wird erst nach einiger Zeit klar, dass wir uns nicht mehr in der Anfangsszene befinden, sondern in einer Rückblende

Dann geht es wieder {6} zurück zur Szene aus Abschnitt {2}, diesmal belagern die Zwillinge Roswitha mit Weihnachtswünschen.

Schließlich noch ein Abschnitt, dass die Zwillinge mit Roswithas Sohn zusammen schwimmen {7}, dass Roswitha sich dabei besser zum Abholen eignet{8} und es folgt eine Rückblende{9} über ein Treffen zwischen den beiden Ehepaaren – und ein Anruf mit einer sexy Stimme. Hier wird ein wesentliches Detail aus Abschnitt {4} wieder aufgenommen. Wir ahnen, dass die Dinge zwischen der Ich-Erzählerin und ihrem Mann Gernot nicht nur schlecht stehen, sondern er, wie Roswitha vermutet, wirklich eine Freundin hat.

Vor allem literarisch anspruchsvolle Autoren brechen gerne die logische Reihenfolge einer Erzählung. Da folgt der Text nicht der strengen zeitlichen Logik, sondern springt vor und zurück. Das kann einen ganz besonderen Reiz ausmachen, weil wir immer nur Bruchstücke erfahren, die wir uns als Leser selbst zusammensetzen müssen.

Wenn, ja wenn die Puzzleteile nicht zu klein, nicht zu verwirrend angeordnet sind. Ein ganzer Roman, der nach zwei, drei Absätzen gleich in eine andere Zeit, an einen anderen Ort springt, bei dem die gleiche Szene mal in der Vergangenheit, mal in der Gegenwart erzählt wird?

Das ist dann doch des Guten zuviel.

Sicher, niemand erwartet von einem literarischen Werk eine eindeutige Handlungsstruktur wie von einem Krimi, den man abends liest, um die Alltagssorgen aus dem Kopf zu vertreiben.

Aber auch Puzzles müssen Sinn ergeben. Deshalb ist auf dem Karton auch des anspruchvollsten Puzzles aufgedruckt, wie das fertige Bild aussieht.

Bei Geschichten heißt das: Auch wenn der Erzähler hin- und herspringt, sollte der Leser ihm folgen können,

Zeit und Ort müssen stimmen und dem Leser klar sein.

Versuchen wir es doch mal mit der Logik. Wie würde die Erzählung, logisch angeordnet, aussehen?

Zur Szene, die in Abschnitt {2} begonnen wird, gehören die Abschnitte {4} und {6}. Ebenfalls zusammen gehören die Abschnitte {7} und {8} über das Schwimmen und wer wen abholt. Dann gibt es die beiden Rückblenden {5} und {9}.

Wobei die Rückblende {9} (die sexy Stimme), an den letzten Satz der Hauptszene – „das ist vorbei, seit zwei Wochen vorbei" – anknüpft.

Wie wäre also Reihenfolge {2}, {4}, {6}, {9}? Sicherlich möglich. Vielleicht kann man hier auch an einer(!) Stelle etwas einfügen. Zum Beispiel das mit dem Schwimmen und den Kindern {7}, {8}?

Schauen wir uns eine so geänderte Fassung an:

„Tante Roswitha hat so schöne Fingernägel. Zum Ankleben und so." Katja steht vor dem Spiegel, stützt ihre Nase auf ihren Daumen, der angeklebte Plastenagel reicht fast bis an ihre Augen. Julia sieht ihre Schwester bewundernd an und fügt hinzu: „Und goldene Ringe, ganz viele."

„Ach, Julchen," Roswitha lächelt meine Tochter an, „manchmal nutzen einem die vielen Ringe nichts. Da braucht man nur einen."

„Aber Tante Roswitha, du hast doch noch einen Finger frei. Da kannst du noch einen Ring raufmachen."

„Karoline, deine Tochter hat zu viel Vertrauen zu den Männern." Roswitha kann Männer gut leiden und spricht herablassend über sie.

„Roswitha, hast du dich mit meinem Mann gestritten?", frage ich sie, „Ich hatte gestern ein ziemlich heftiges Telefongespräch mit ihm. Er hat sich strikt geweigert, die Mädchen heute von dir abzuholen", begründe ich meine Frage.

„Karoline, du weißt, ich streite dir zuliebe nicht mit Gernot. Ich bin ja nicht mit ihm verheiratet. Er war neulich Abend nur sauer über die sexy Stimme am Telefon."

Und als ich nicht antworte: „Was, du weißt von nichts? Der hat den Anruf überhaupt nicht erwähnt, wo ich fast mit ihm mit dem Kopf zusammengestoßen bin? Und der findet wirklich, ich soll Friedhelm sein Geld nicht für lange Fingernägel ausgeben?“

Alle Empörung über Gernot aus der letzten Zeit gipfelt in dieser Frage.

Und als sie aus mir herausgefragt hat, dass Gernot und ich schon seit Wochen „wie Oma und Opa“ leben, wie sie es diskret und direkt umschrieb, sagt sie: „Und Gernot hat sich nur widerwillig für dich einen Nachmittag freigenommen? Frage ihn mal, ob er eine Freundin hat!“ Weil Roswitha ausdrücklich hochdeutsch spricht, ist das keine Frage, sondern ein Auftrag.

„Tante Roswitha, borgst du uns deine Fingernägel?“, unterbricht uns Katja. „Oder schenke uns welche zu Weihnachten. Rote und silberne. Oder einen Game Boy.“

Damit den beiden Mädchen nicht noch mehr Ideen einfallen, überrede ich sie ziemlich heftig zum Losgehen.

„Du kannst ja richtig energisch sein. Nimm's als Vorübung.“

Das ist Roswithas letzter Ratschlag. Sie kann gut Ratschläge geben als langjährig geschiedene Ehefrau mit anhänglichem Ehemann Friedhelm und Kollegen, die ihr mit blanken Augen nachsehen. Sie ist meine einzige Freundin, deren Besuche mein Mann nicht als Einmischung in unsere Ehe angesehen hat. Das ist vorbei, seit zwei Wochen vorbei.

Es war eigentlich ein schöner Abend gewesen vor vierzehn Tagen. Gernot flirtete dezent mit Roswitha, während ich versuchte, die Kinder zum Aufräumen zu bewegen. Friedhelm musste jeden Augenblick kommen. Er würde mir einen Blumenstrauß mitbringen und Roswitha eine Rose überreichen. Ach was, überreichen, Friedhelm legt Rosen zu Füßen. Besonders, wenn er sich um eine Winzigkeit verspätet. Das Telefon klingelte. Roswitha rief „Das ist Friedhelm!“ und hob einen Schritt vor Gernot ab. Es war nicht Friedhelm.

„Hier, Gernot, eine Verehrerin für Dich. Die hat aber eine sexy Stimme.“

Und von diesem Moment an hat mein Mann meine Freundin

nicht mehr leiden können.

Jetzt haben Haupterzählung und Rückblenden eindeutige Zeiten, sind Orte und Geschehnisse besser zugeordnet.

Ich habe auch gleich den Anfang etwas gekürzt. Jetzt fängt es mit der Bewunderung der Zwillinge für Roswithas Fingernägel an. Und dort, wo die Zwillinge wieder mit der Bitte ins Spiel kommen, ihnen die Fingernägel zu leihen, habe ich der Klarheit willen eingefügt: „unterbricht uns Katja".

Auch den Flashback{5}, das Zusammenleben „wie Oma und Opa", habe ich aus einer Rückblende in die Hauptszene integriert. Möglicherweise war das sogar beabsichtigt, das Plusquamperfekt wäre also nur ein Ausrutscher des Autors, dieser Abschnitt sollte zeitlich in der gleichen Szene spielen.

Sie sehen, wie wichtig es ist, die Zeit konsequent richtig zu handhaben. Sonst erscheint dem Leser plötzlich das, was die Handlung fortführt, als Rückblende in eine andere Zeit und damit als Unterbrechung der Szene.

Auch die Vorahnung mit der Anruferin und ihrer sexy Stimme kommt jetzt besser zum Tragen. Eigentlich ist das ein gutes Beispiel für „Säen und Ernten", für Vorahnungen, wie im Kapitel Vorahnungen („Marlene") besprochen. Erst eine lockere Behauptung, hingeworfen von einer Frau, die redet, was ihr gerade in den Sinn kommt. Später erfahren wir, wie wichtig diese Nebenbemerkung ist, wie sehr die Freundin da ins Schwarze getroffen hat.

Aber der Hinweis ging in der ursprünglichen Fassung unter, weil wir desorientiert waren.

Übung

Natürlich kann man den ganzen Text „Karoline" auch in der Vergangenheit schreiben. Wundert Sie es, dass ich das für eine gute Übung halte? Also tun sie es, nehmen Sie den Originaltext und formulieren Sie die Zeiten so um, dass die Haupterzählung in der Vergangenheit erzählt wird!

Und wenn wir schon mal dabei sind, formulieren Sie den „Oma und Opa“-Absatz so um, dass er zur Rückblende wird – also eine Erinnerung der Erzählerin an eine Bemerkung ist, die in einem früheren Treffen mit Roswitha gefallen ist. Hinweis: Benutzen Sie dazu die Vorvergangenheit (Plusquamperfekt).

Hatte und wechselnde Zeiten

Hatte ich gesagt, dass Rückblenden im Plusquamperfekt stehen, wenn die Handlung selbst in der Vergangenheit abläuft? Soweit richtig, wenn es sich nur um einen oder wenige Sätze handelt. „*Früher hatte sie einen gertenschlanken Körper gehabt. Das hatte sich geändert, als sie geheiratet hatte. Seit der Trauung hatte sie die Schokolade lieben gelernt. Und die Waage hatte sich zum bestgehassten Gegenstand in der Wohnung entwickelt.*“

Merken Sie was? Längere Passagen im Plusquamperfekt ermüden. Immer „hatte er“, „hatte sie“, kann nerven. Das lässt sich beheben, in dem Sie sich aus dem Plusquamperfekt „schleichen“. Ein, zwei Sätze richtig im Plusquamperfekt, um dem Leser zu signalisieren: Hallo, ab hier sind wir in einer anderen Zeit. Und dann fährt man mit der Vergangenheit fort. „*Früher hatte sie einen gertenschlanken Körper gehabt. Das änderte sich, als sie heiratete. Seit der Trauung liebte sie die Schokolade …*“

Schließlich ganz zum Schluss noch ein weiterer Hinweis für Fortgeschrittene. Wenn ich sagte, dass ein Erzähler die gewählte Zeit nicht wechseln sollte, ist das richtig. Aber für jede Regel gibt es Ausnahmen. Sie können, wenn Sie in der Vergangenheit erzählen, an emotional packenden Stellen oder auf dem Höhepunkt einer spannenden, actionreichen Szene durchaus mal ins Präsens wechseln. Aber das will mit sehr viel Feingefühl geschrieben werden. Im Zweifelsfall und vor allem, solange Sie mit der Verwendung der Zeiten noch nicht sicher sind, behalten Sie die einmal gewählte Zeit bei.

Hände aus Licht

Am Samstag vor dem ersten Advent schneite es endlich, allerdings nicht so, wie Luna sich das vorgestellt hatte.

Den ganzen November war es grau und verregnet gewesen. Auch die gestrige Wettervorhersage hatte entmutigend geklungen: „Nieselregen, Nebel, überfrierende Nässe.“ Doch als sie aufwachte, roch es nach Schnee. Ein zarter, heller Duft mit einer leichten Süße und Frische. Dazu das Lachen winziger Kristalle, das nur Luna hören konnte. Es erstaunte sie immer wieder, wie wenig andere Menschen wahrzunehmen schienen und wie fein säuberlich sie das Wenige voneinander abgrenzten.

Luna streckte sich und kraulte Häschen, den schwarz-weißen Kater, der sich neben ihrem Kopfkissen zusammengerollt hatte. Sie stieg aus dem Bett und zog die Vorhänge auf. Ihre Nase hatte sie getäuscht. Es regnete neblig vor sich hin. Wie traurig. Sie wünschte sich Schnee, Schnee, Schnee. Dann verschwand die Welt unter einer behutsamen Decke und die Zeit verging so langsam, dass die kurzen Wintertage sich in aller Ruhe auf die Nacht vorbereiten konnten.

Mit zusammengekniffenen Augen tappte Luna ins strahlend hell erleuchtete Bad, wo ihre Mutter Inka gerade den allmorgendlichen Kampf mit ihren störrischen Locken verlor, die beim Kämmen knisterten wie ein Lagerfeuer.

Luna tastete im Wandschrank nach einem Waschlappen und stieg in die Dusche. Sie merkte, dass sie ihr Nachthemd noch anhatte, aber irgendwie störte es sie nicht. Das kam ihr seltsam vor. In ihrem Kopf bahnte sich ein Gedanke an, aber sie war nicht wach genug, um nach ihm zu greifen.

Sie stellte das Wasser an. Feine, weiße Flocken rieselten aus dem Duschkopf.

„Ach du je, die Dusche ist kaputt“, sagte Inka. „Vielleicht ist die Leitung eingefroren. Es könnte auch Styropor sein.“

Nichts davon machte irgendwelchen Sinn. Der seltsame Gedanke rüttelte an den Gitterstäben von Lunas Bewusstsein.

Ihr Vater Urban kam gähnend ins Bad, das Gesicht voller

Kopfkissenfalten.

Luna streckte die Hand aus und fing ein paar Flocken auf. Die Kristalle gaben ihre Form auf und schmolzen. „Schau mal, Dad, es schneit in der Dusche."

Langsam schien Urban aufzuwachen, jedenfalls hob sich ein Augenlid. Dann folgte auch das andere und schließlich verwandelte sich sein trüber Blick in die eiskalt kalkulierenden Augen, mit denen er seine Umgebung so gern beeindruckte. Luna hoffte, dass er keine Erklärung für das Schneewunder hatte.

„Lass mal sehen", sagte er und fummelte an den Wasserhähnen in der Dusche herum. Wenn er abdrehte, hörte es auf zu schneien, wenn er aufdrehte, rieselte es wieder, egal ob er das kalte oder heiße Wasser anmachte. „Sehr merkwürdig. Nicht zu erklären", murmelte er und probierte den Hahn am Waschbecken. Hier kam ganz normales Wasser aus der Leitung. Auch in der Badewanne fiel nicht die kleinste Schneeflocke. „Eine Singularität", meinte er schließlich.

„Was heißt das?"

„Ein Phänomen, das von den allgemein geltenden physikalischen Gesetzen entkoppelt ist."

Da endlich entkoppelte sich auch Lunas Widerstand gegen den seltsamen Gedanken in ihrem Geist. Sie lächelte. „Aber natürlich, ich träume!" Sie hatte immer schon zu Klarträumen geneigt, und in letzter Zeit gelang es ihr öfter und öfter, sich bewusst zu werden, dass sie träumte. Diese Freiheit!

„Stell die Dusche ab, Luna", sagte Inka. „Das kostet alles Geld. Und Schnee kostet vielleicht extra."

Aber Luna achtete längst nicht mehr auf ihre Mutter. Sie ließ die Duschkabine, das Haus und den Nebel verschwinden, breitete die Arme aus und flog in einen wunderbaren Schneesturm, tauchte ein in das Wunder der unendlichen Vielfalt, drang vor bis in die Seele der Schneekristalle, ließ es Nacht werden und tanzte empor wie eine Flocke im Aufwind, bis sie die Wolken durchstieß und sich im Vollmond spiegelte.

Erzählstimme

Ein poetischer Text, ein Mädchen wünscht sich Schnee und dann schneit es tatsächlich aus der Dusche. Die Eltern teilen die Begeisterung des Kindes nicht – wann haben Eltern das je getan?

Sicher ein eigenwilliger Text, keiner, der allen gefallen will, aber einer, der die Erzählstimme hält.

Was ist das, die Erzählstimme? Nun, das ist die Art und Weise, wie ein Text erzählt. Das kann knallhart und abgebrüht sein wie in den klassischen Krimis mit dem hardboiled Detektiv mit ebenso harten Metaphern („Dunkler als in einer Fuhre Arschlöcher"). Poetisch in den Märchen der Gebrüder Grimm („Aber seine Jüngste war so schön, dass selbst die Sonne, die doch schon so vieles gesehen hatte, staunte"), in rhythmischen Reimen wie im Faust.

Diese Erzählstimme muss zur Geschichte und den Personen passen. Ein James Bond Roman, der plötzlich lyrisch wird, Gretchen, das mitten in der Szene statt in Reimen wie eine Punkerin spricht: das wäre Stilbruch und würde dem Leser bald die Lektüre vergraulen.

Eine einheitliche Erzählstimme zu halten, ist nicht einfach. Man muss den Ton treffen, die Worte müssen passen, aber gleichzeitig sollte die Stimme nicht eintönig klingen.

Hier passt sie – größtenteils. Deshalb habe ich den Text auch ausgewählt. Weil er einerseits eine eindeutige „Erzählstimme" hat – und doch ein paar Stellen, an denen diese verlassen wird.

„Aber natürlich, ich träume!" Das ist ein Satz, den ein Kind denken könnte. Ein Satz, der auch zu der Grundstimmung des Textes passt. „Sie hatte immer schon zu Klarträumen geneigt, und in letzter Zeit gelang es ihr öfter und öfter, sich bewusst zu werden, dass sie träumte“, passt dagegen nicht. Das ist erstens sehr analytisch, rational und das Gegenteil der poetischen Erzählstimme. Und zweitens ist es kein Satz, den ein Kind denken würde. Hier spricht ein Erwachsener, der die Traumtheorie kennt, weiß, was Klarträume sind, das Phänomen analytisch rational angeht. Urban, der Vater des Kindes, könnte so sprechen.

Brauchen wir diesen Satz wirklich? „Aber natürlich, ich träume“, zeigt ja bereits, dass das Kind begreift: „Ich bin in einem Traum.“ Müssen wir hier mehr wissen? Uns über Klarträume den Kopf zerbrechen? Wir müssen nicht. Der Satz kann ersatzlos wegfallen.

„In ihrem Kopf bahnte sich ein Gedanke an, aber sie war nicht wach genug, um nach ihm zu greifen“, ist ein weiteres Beispiel dafür, wie die Erzählstimme sich ändert. Auch dieser Satz ist analytisch und überflüssig; weil er keinerlei Folgen hat. Wie der Gedanke aussah, nach dem sie nicht greifen konnte, erfahren wir nicht; aber dass sich eine Idee anbahnt, das wird im Satz davor stimmiger beschrieben: „Das kam ihr seltsam vor.“

„Der seltsame Gedanke rüttelte an den Gitterstäben von Lunas Bewusstsein.“ Auch hier verlässt der Text die poetische Grundstimmung. Er enthält nämlich ein schiefes Bild. „Gitterstäbe“ des Bewusstseins assoziiere ich mit einer Person, die in vorgefertigten Denkschemata gefangen ist. Aber genau das ist dieses Kind nicht.

Dann der Vater, offenbar sehr rational, analytisch, wissenschaftlich. Aber hat er deswegen „eiskalt kalkulierende Augen“? Das würde eher zu einem Bösewicht ohne Gefühle, zu einem Scrooge, einem Kaufmann passen, der eiskalt Nutzen-Kostenrechnungen aufstellt und am Schluss muss sich die Sache für ihn rechnen. Der Vater ist aber kein Kaufmann, er ist Wissenschaftler. Wie sehen dann die Augen aus? Ähnlich, aber nicht genauso. Der Begriff „eiskalt kalkulierend“ passt etwas, aber nicht ganz. Ein Autor sollte sich aber nicht mit ungefähr passenden

Worten und Bildern zufrieden geben. Ein Maler nimmt auch nicht irgendein Rot, sondern genau die Rotfärbung, die an dieser Stelle ins Bild gehört. Mit weniger sollte sich auch Ihre Geschichte nicht zufrieden geben. „Nehmen Sie das genaue Wort, nicht seinen Cousin" (Mark Twain). Andernfalls verlieren Sie nämlich Ihre Erzählstimme.

Später sagt der Vater: „Ein Phänomen, das von den allgemein geltenden physikalischen Gesetzen entkoppelt ist." Auch das verlässt die poetische, märchenhafte Grundstimmung. Aber hier passt dieser Satz, denn das sagt der Vater. Und der ist, anders als seine Tochter, wirklich rational. Der Vater kann so sprechen, ohne die Erzählstimme zu stören.

Was ist mit dem letzten Absatz? Das Mädchen fliegt hinauf in den Himmel, die Geschichte wird jetzt völlig traumhaft. Eindeutig eine Veränderung der Erzählstimme, die vorher poetisch, aber doch real war.

Jetzt ändert sich das. Allerdings ändert sich hier auch die Erzählung, wechselt endgültig in den Traum hinüber. Der ein oder andere Leser ist vielleicht enttäuscht. Mag sein, aber ob dieser letzte Absatz stimmig ist oder nicht, kann erst entschieden werden, wenn man weiß, wie die Geschichte weitergeht. Vieles lässt sich bereits an den ersten vier Seiten ablesen, aber eben nicht alles.

Übung

Welche Adjektive, welche Beschreibung passt genau zu den Augen, der Beschreibung des Vaters? Fallen Ihnen nicht sofort passende Worte ein, erstellen Sie eine Liste mit allen möglichen Eigenschaftsworten, die Ihnen dazu einfallen. Dann wählen Sie daraus die geeigneten aus, die am besten zu dem Text passen.

Hinweis: Mittlerweile ist der Text „Hände aus Licht" überarbeitet als Buch erschienen: Winterleuchten, Christine Spindler, Sieben Verlag

Moss Landing

Da war es wieder, dieses Licht, dieses sonderbare Farbenspiel, welches seit Tagen jeden Abend über dem Meer auftaucht und dann in Richtung Moss Landing wandert, um dann irgendwo über dem Ort stehen zu bleiben und zu verlöschen. Diese Erscheinung sorgt für regen Gesprächsstoff und viele Vermutungen. Nicht nur innerhalb der Dorfgemeinschaft ist man daran interessiert, auch aus der Umgebung, ja sogar aus San Francisco und Los Angeles kommen Neugierige, Wissende und Ahnungslose. Man ist diesem Licht auch schon hinterher gelaufen, ohne es jedoch zu erhaschen, oder den genauen Punkt, an dem es dann verschwindet, zu finden!

Moss Landing profitiert natürlich von diesem Interesse, tagsüber herrscht in den wenigen Geschäften Andrang, obwohl es nichts Besonderes zu kaufen gibt. Das scheint aber keine Rolle zu spielen, man ist hier am Ort des Geschehens, also muss man auch so etwas wie eine Trophäe nach Hause bringen. Wenn man aber doch nichts findet und nicht enttäuscht oder beleidigt abreist, dann trifft man sich abends in Tonis Bar. Hier wird debattiert, hier werden Mutmaßungen aufgestellt! War es nur Wetterleuchten, sind es Scherzbolde oder ist es ein Ufo? Fragen über Fragen, Antworten über Antworten und auch Lügen über Lügen. Alle wissen etwas, aber niemand weiß es genau!

Gerade jetzt färbt sich der Himmel über Moss Landing in schummriges Rot, die Sonne verliert langsam an Kraft, gewinnt aber an Farbe und das kleine kalifornische Fischerdorf bereitet sich auf den Abend vor. Gewöhnlich lässt diese Farbenpracht den Betrachter fasziniert und andächtig stehen bleiben und auch so mancher Maler sitzt hier über Stunden und verewigt dieses Bild. Doch seit Tagen ist alles anders!

Wieder geht ein Tag zu Ende und die Boote liegen vertäut im Hafenbecken. Hier riecht es nach Fisch, nach Teer, nach Diesel, Netzen und noch mehr. Die Nase nimmt so viele Gerüche wahr, dass es schwer ist, den Einzelnen zu bestimmen! Durch das Knarren der Masten und das Klirren der Ladegeschirre ist es, als spiele ein missgestimmtes Orchester und wie Paukenschlag schlägt die

Dünung an die Bordwände der Boote.

Viele der männlichen Einwohner sind Fischer, Männer, die morgens um vier Uhr raus fahren, um am späten Nachmittag, mehr oder weniger zufrieden mit dem Fang, wieder in den heimatlichen Hafen einzulaufen. Damit ist aber ihr Arbeitstag noch lange nicht zu Ende, der Fang muss noch verkauft werden. Dieser Verkauf der Fische, angeboten wird alles, was das Meer her gibt, belebt die Pier von Moss Landing. Hier drängen sich Händler, Hausfrauen, Schaulustige und Kinder. Es wird geschrieen, gehandelt und auch geschimpft, aber das gehört zum Spiel, ohne dieses Tohuwabohu wäre es nur ein bloßes Austauschen von Ware und Geld! Wenn alle Luken leer sind, werden die Schiffe wieder see- und fangklar gemacht. Danach gehen auch sie zu Toni, um Neues zu erfahren oder um den Neugierigen Futter zu geben, in dem sie, um sich interessant zu machen, einfach irgendwelche Märchen erfinden, die bei nüchterner Betrachtung schon arg dick aufgetragen sind. Es wundert niemanden, dass bei Sonnenuntergang das Dorf nicht mehr leer und still erscheint, so wie früher!

Tonis Bar, das Lokal am unteren Ende der Hauptstraße, hat sonst gerade mal eine Hand voll Gäste, jetzt aber brummt es in der Bar, die Luft ist rauchgeschwängert, zum Schneiden dick und in Zweierreihen stehen die Leute vor dem Tresen, sie schreien, rufen, winken und verlangen nach Drinks!

Die letzten Geräusche klingen durchs Dorf, die Gassen leeren sich langsam und hier und da rufen Mütter nach ihren Kindern oder Frauen nach ihren Männern. Es breitet sich ein gespanntes Warten aus, - warten auf das Unerklärliche!

Hintergrund

Ein Licht geht abends immer über Moss Landing auf, geheimnisvoll ist es und zieht Fremde an. Moss Landing, dieses abgelegene, uninteressante Fischerdorf wird uns geschildert. Dieses Fischerdorf ist der Hintergrund der Geschichte, das „Setting“, wie es auf Denglisch heißt.

Jeder Autor sollte Hintergrund, Zeit und Ort seiner Geschichte kennen, gut kennen. Keine schlechte Idee, dafür einen eigenen Text zu schreiben, für sich selbst, um sich einzustimmen, um den Hintergrund lebendig werden zu lassen; einen Text, der dennoch nicht im Roman auftaucht. Manchmal muss man sich in die Geschichte „hineinschreiben", erst einmal ein Gerüst bauen, bevor der Hausbau selbst beginnen kann.

Aber der Hintergrund ist nicht die Geschichte. Er ist die Kulisse und eine Kulisse ohne Personen, ohne Handlung interessiert niemanden. In der Kulisse findet die Geschichte statt, der Autor muss die Personen und die Handlung damit verweben.

Der Hintergrund allein ist denkbar ungeeignet für den Anfang einer Geschichte. Ein Infodump der ganz eigenen Art sozusagen.

Und hier ist er auch noch nicht besonders gut ausgearbeitet. Noch wackelt das Gerüst. Das zeigt sich an Kleinigkeiten. „… werden die Schiffe wieder see- und fangklar gemacht. Danach gehen auch sie zu Toni." Wie bitte? Die Schiffe gehen in Tonis Bar? Was bestellen sie dort? 10 Liter Diesel vom Feinsten? Und die Dünung schlägt wie ein Paukenschlag an die Bordwände der Boote.

Natürlich ist klar, was gemeint ist. Aber diese Ungenauigkeit ist nur ein Zeichen dafür, dass die Kulisse keinesfalls fertig ist, sondern sich noch im Bau befindet. Sie sieht aus, wie ein Fischerdorf in der Vorstellung eines Städters eben aussieht. Noch steht hier das Klischee statt dem echten Dorf.

Auch das entscheidende Detail ist noch nicht ausgearbeitet. Jeden Abend erscheint ein Licht über Moss Landing. Und immer mehr kommen, um es zu sehen.

Wie sieht das Licht aus?

Es taucht aus dem Meer auf, wandert nach Moss Landing, um darüber stehen zu bleiben und dann verschwindet es. Aber den genauen Punkt, wo es verschwindet, findet man nicht. Wieso nicht? Licht leuchtet und wenn es nicht mehr leuchtet, ist es kein Licht mehr, ist es verschwunden. Wer das Licht beobachtet – und offenbar kann man das, denn die Leute tun es – stellt man irgendwann fest: Jetzt ist es weg. Und das ist dann ein bestimmter Ort.

Gemeint sein dürfte etwas anderes: Niemand weiß, was das Leuchten verursacht und auch nicht, warum es aufhört.

Alle warten auf das Unerklärliche. Aber genau das wird nicht beschrieben.

Die ganze Kulisse besteht noch aus Schildern. „Licht" sagt eines. Da soll später mal die Beleuchtung das richtige Licht aufhängen. Aber noch steht dort keins. Noch hat der Autor keine genaue Idee, wie es aussieht. Rot, gut die Farbe zumindest steht fest. Ungefähr jedenfalls. Welches Rot? Dunkelrot, rotbraun, hellrot, ocker? Wie groß ist es? So groß wie die Sonne? Wie ein Autoscheinwerfer? Ist es rund? Wie lange wandert es am Himmel entlang, wie viel Zeit vergeht, bis es wieder erlischt?

Und die Leute, die kommen, um es zu sehen, was befürchten sie konkret? Was sagen sie zueinander?

Zuallererst müsste der Autor seine Kulisse mit Leben erfüllen, statt allgemeiner Formulierungen konkrete Bilder gewinnen.

Und dann steht das Gerüst, das benötigt wird, die Geschichte zu bauen. Dieses Gerüst ist nicht Teil des Hauses, die Beschreibung des Hintergrundes nicht die Geschichte. Der Leser ahnt sowenig von dem Hilfstext, der die Kulisse beschrieb, wie ein Besucher des fertigen Hauses von dem Gerüst, das dem Bau diente.

Wenn der Hintergrund steht, dann können die Personen auftreten, dann kann die Geschichte beginnen. Der Hintergrund kommt dort vor, wo er wichtig ist.

Seit dem das Licht aufgetaucht war, füllte sich Tonis Bar jeden

Abend. Der Astrophysiker ertränkte seine Depressionen im Gin, der Ufologe füllte seine Freude mit kalifornischem Weißwein. Später begannen sie zu streiten und wollten Toni zum Schiedsrichter ernennen. Doch der lächelte nur und sagte nichts. Was das Licht war? Nichts interessierte ihn weniger. Für ihn war es ein Geschenk des Himmels und er hoffte, dass weder die Ufologen noch die Wissenschaftler je herausbekommen würden, was dahinter steckte. Dann wäre es nämlich uninteressant und seine Bar wieder so leer, wie all die vielen Jahre zuvor.

Jetzt haben die Schauspieler das Wort. Die Kulisse ist immer noch Tonis Bar und das geheimnisvolle Licht. Aber beide stehen im Hintergrund. Wir werfen einen Blick darauf, aber es ist nicht mehr der Vordergrund, sondern verwoben mit Personen und der Geschichte.

Übung

Welche Kneipe, welches Restaurant kennen Sie am besten? Beschreiben Sie es. Was ist das Besondere daran? An der Einrichtung? An dem Personal?

Dann lassen Sie dort eine Szene spielen. Zwei Personen betreten das Lokal, die dort normalerweise nicht verkehren. Vielleicht passen sie auch hier nicht hinein? Vielleicht möchte der Wirt sie wieder hinausjagen? Wie macht er das? Höflich (Leider sind wir besetzt)? Direkt?

Was passiert, wenn die beiden sich widersetzen? Ruft der Wirt die Polizei? Wird er zusammen mit der Bedienung tätlich? Greifen andere Gäste ein? Unterstützen sie den Wirt oder die beiden Neuen?

Verweben Sie in dieser Szene das, was Sie über das Lokal geschrieben haben.

Treomeran

Mit einem gellenden Schrei stürzte sich Sarah in die Tiefe. Ihr Puls kletterte in ungeahnte Höhen, als die Anspannung, die sie in den letzten Wochen so getrieben hatte, endlich von ihr abfiel. Für diesen Moment hatte sie hart gearbeitet, und endlich, endlich funktionierte alles so, wie sie es sich erträumt hatte. Während sie noch fiel wie ein Stein, riss der heftige, kalte Winterwind an ihr, presste ihr die Luft aus den Lungen. Ihre Sinne schienen durch die Aufregung extrem verstärkt zu werden. Sarah sah in diesem Moment winzigste Details auf dem weit unter ihr liegenden Boden, roch den süßlichen Gestank des Mülls, spürte auf ihrer Haut die eisig brennende Kälte der Luft über dem morgendlichen Freiburg. Ihr Körper war angespannt bis in die letzte Faser.

Taumelnd schoss Sarah in die Tiefe. Etwa zehn, fünfzehn Meter über dem Boden zog sie die Reißleine des Gleiters auf ihrem Rücken. Ein heftiger Ruck riss sie in die Höhe, als die Konstruktion sich entfaltete und der Fall jäh abgebremst wurde. Mit allem Enthusiasmus ihrer fünfzehn Jahre schrie Sarah ihre Begeisterung in den Himmel – es funktionierte wirklich! {1}

{2} Ihre Neugier hatte sie angetrieben: schließlich waren die Menschen vor zwei Generationen geflogen, hatten riesige Maschinen in die Luft gehoben. Sarah konnte sich nicht genau erklären, wie das funktioniert hatte, aber so etwas Ähnliches wollte sie bauen. Gemeinsam mit Karl, ihrem Vater, hatte sie bei der Feldarbeit im Herbst beobachtet, wie Greifvögel sich in die Tiefe stürzten und dann, im genau richtigen Moment, die Schwingen ausbreiteten und gleitend wieder an Höhe gewannen. Genau so ein Fluggerät wollte sie bauen, hatte sie damals beschlossen. Und nachdem der Winter für Sarah sowieso eine Plage war, weil sie draußen nicht viel unternehmen konnte, hatte sie kurzerhand begonnen, das Projekt noch während der Schneefälle zu realisieren. Drei ganze Wochen hatte sie im weiten Umkreis um das Dorf, in dem sie lebte, nach Material gesucht, das für ihre Konstruktion geeignet war, hatte es gereinigt, Seile verspannt und Streben verschraubt, bis schließlich der Tag für den Jungfernflug gekommen war.

Bis dahin hatte Sarah einige Varianten ausprobiert, um eine möglichst geschickte Bauweise zu entwickeln. Ein Gestell, das sie sich auf den Rücken schnallen würde, trug zwei dreieckige Segel aus Plastikfolie. Eine Feder in der Mitte sollte die Flügel genau dann entfalten, wenn die Geschwindigkeit möglichst hoch und der Boden noch weit genug entfernt war, um, genau wie der Greifvogel, wieder in die Luft zu steigen. Dass sie die Konstruktion erst ausprobieren könnte, wenn sie sich selbst aus großer Höhe in die Tiefe stürzte, war Sarah durchaus bewusst. Doch das Risiko, das damit verbunden war, hatte sie in ihrem Eifer beschlossen zu verdrängen.{3}

Der Gleiter, mittlerweile voll entfaltet, trug Sarah nach oben. Sie tauchte durch einen Einschnitt des Berges, von dem sie gesprungen war, und genoss das wohlige Gefühl im Bauch, es geschafft zu haben – die Konstruktion aus Metall, Plastikfolien und Schnüren arbeitete perfekt. Sie umkreiste den Berg in Richtung der blassen Wintersonne, nutzte die Aufwinde geschickt aus, so dass sie schließlich mehr und mehr an Höhe gewann.

Die Kälte ließ sie langsam wieder klarer denken, und sie versuchte den Flug besser zu kontrollieren. Es war an der Zeit, nach dem Landeplatz Ausschau zu halten, den sie vor dem Aufstieg auf den Berg ausgeguckt hatte. Die Senke war für eine sanfte Landung perfekt, gerade und lang gestreckt wie ein Flusstal zog sie sich hin, wo irgendwann einmal ein Straßentunnel verlaufen war.

Gerade als Sarah zur Landung ansetzte, das sichere Gefühl in sich, ein Meisterwerk geschaffen zu haben, verlor der Gleiter mit einem lauten, fetzenden Geräusch seine rechte Schwinge, während sie sich noch mehr als zehn Meter in der Luft befand. In einer hilflos taumelnden Spirale stürzte Sarah auf ihren Flecken Erde zu, der eigentlich einmal für eine saubere Landung hätte taugen sollen. Panik machte sich in ihr breit, doch noch bevor Sarah reagieren konnte, bohrte sich der Rest des Fluggerätes mitsamt der Fliegerin mit einem dumpfen Knirschen in eine Art Schneewehe aus Schutt. Das letzte, was Sarah sah, war ein altes Werbeschild für eine Fluggesellschaft, das quer in dem Haufen steckte. Sie dachte noch, dass das Schicksal wirklich Sinn für Humor hätte, und dann wurde es schwarz um sie.

Als Sarah die Augen wieder öffnete, war es schon fast Mittag. Die feuchte Kälte des Wintertages war in ihre Glieder gekrochen, und ihr linker Arm pulsierte schmerzhaft. Sie lag in der flachen Senke, ziemlich genau an der Stelle, an der sie hatte landen wollen. Vorsichtig versuchte sie sich aufzusetzen, was nur teilweise gelang, weil ihr Arm noch mit den Resten des Gleiters verschnürt war. Sie biss die Zähne zusammen und tastete mit der freien rechten Hand in Richtung ihres Gürtels. Dort fand sie zu ihrer grenzenlosen Erleichterung ihr Messer und zog es aus der Gürteltasche. Vorsichtig machte sie sich damit an der Verschnürung des linken Arms zu schaffen, bis sie sich vollständig von ihrem Gleiter gelöst hatte. Der Arm pochte heftig und war angeschwollen, doch glücklicherweise schien nichts gebrochen zu sein. Sarah war trotz ihrer Frustration und der Aussicht auf einen grün und blau verfärbten Arm am kommenden Tag sehr erleichtert. Wenn ihre Pflichten im Dorf unter diesem Experiment gelitten hätten, hätte ihr ganz gewaltiger Ärger mit Karl gedroht.

Langsam rappelte Sarah sich auf, mit den Gedanken schon bei der Suche nach dem Fehler in der Konstruktion, als ein Rascheln hinter ihr sie erschreckt herumfahren ließ. Nahebei erkannte sie eine Schar dicker Ratten, die den Eindringling in ihr Revier scheinbar neugierig musterten. Gereizt packte Sarah ein Stahlrohr aus dem Müllhaufen neben sich und warf es in Richtung der Ratten. „Mistviecher!“, schrie sie hinterher, als ob die Tiere an ihrem Unglück schuld seien. Scheppernd schlitterte das Rohr über den Boden, und die Ratten stoben in alle Richtungen davon.

Mit einem frustrierten Schnauben starrte sie den Tieren hinterher, als ihr plötzlich ein schwaches rötliches Licht auffiel, das in regelmäßigen Abständen aufblitzte. Es kam von oben, vom Rand der Senke, aus einer kleinen Gruppe Bäume, die dort inmitten des Schutts scheinbar gut gediehen.

Seltsam, hier ein künstliches Licht zu sehen, in einer Ecke, in der sich seit Jahrzehnten kein menschliches Wesen mehr herumtrieb, das noch bei Verstand war. Fast kein menschliches Wesen, schloss Sarah sich selbst in Gedanken von ihrer Annahme aus. Und schon regte sich ihre Neugier wieder, und ohne Rücksicht auf ihren schmerzenden Arm beschloss sie sofort, diesem Blinken auf den Grund zu gehen.

Sie kraxelte aus der Senke auf die Baumgruppe zu. Dort, zwischen einer Metallplatte mit einer alten Werbeaufschrift für ein Autohaus und den Resten eines Kühlschranks entdeckte Sarah eine weiche Röhre aus einer Art Leder. Ein kleines rotes Licht war auf der Röhre angebracht und blitze in kurzen Abständen auf – das also war es, was sie gesehen hatte.

Rückblende (Flashback)

Ein Mädchen baut sich einen Gleiter und stürzt sich damit in die Tiefe. Eigentlich nichts Besonderes, aber wir befinden uns in einer Zukunft, in der die Menschen schon lange nicht mehr fliegen können. Nach einer anschaulichen Schilderung des Fluges in zwei Abschnitten springen wir zurück in eine Rückblende.

Der amerikanische Literaturnobelpreisträger Sinclair Lewis soll auf die Frage: „Wie mache ich Rückblenden?" geantwortet haben: „Don't!". Ein wenig übertrieben, denn Rückblenden können einen Text bereichern, mehr Gefühl für die Geschichte der Personen verleihen, dem Roman Tiefe geben. Aber ganz falsch ist das „Don't" auch nicht. Denn viele Texte, die ich bekomme, enthalten problematische Rückblenden. Nicht nur bei Arzneien gilt: Die Dosis macht das Gift. Gerade Anfänger neigen bei Rückblenden zur Überdosis. Schlimmer noch: Sie setzen Rückblenden an den falschen Stellen ein.

Was erzählt uns die Rückblende in „Treomeran"? Wann Sarah das Fluggerät gebaut hat und warum. Müssen wir das an dieser Stelle wirklich wissen? Diese Rückblende am Anfang des Textes hat ein ähnliches Problem wie die beliebten Infodumps. Sie reißt den Leser aus einer Szene heraus, wenn er noch gar nicht richtig in Geschichte und Personen eingetaucht ist. Zwar ist die Rückblende hier eine Szene, kein statischer Infodump. Trotzdem sollte man dieses Mittel vorsichtig einsetzen.

Sarah hängt in der Luft und plötzlich verlässt sie der Autor, um uns ausführlich die Entstehungsgeschichte des Fluggeräts zu erzählen.

Damit eine solche Rückblende funktioniert, müssten wir die Heldin bereits kennen, die Geschichte müsste etabliert sein. Und die Rückblende selbst sollte Spannung besitzen, den Leser interessieren. Beides trifft hier nicht zu. Denn was erfahren wir aus der Rückblende, das wir wirklich wissen müssen?

Dass die Menschen schon lange nicht mehr fliegen können. Das ließe sich statt einer Rückblende durch einen einfachen Satz, angehängt an den zweiten Absatz erreichen: „Es funktionierte wirklich – sie flog, wie Menschen vor zwei Generationen geflogen waren."

Die beiden Absätze mit der Rückblende zwischen {2} und {3} sind nicht nur überflüssig, sie werfen den Leser sogar aus dem Geschehen heraus. Deshalb sollte man sie ersatzlos streichen.

Die Szenen im Winter, wenn Sarah erstmals ihre Idee hat, mit dem Bau des Seglers beginnt, lässt sich – wenn es wirklich nötig ist! – später einflechten. Wenn wir unsere Heldin kennen, in der Geschichte sind und Platz für eine Rückblende ist. Oder es lässt sich häppchenweise an der Stelle, wo es nötig wird, einfügen. Ein Roman ist lang, man muss nicht alles sofort erzählen. Und gerade am Anfang sollte der Autor es sich gut überlegen, ob und wann er aus der Szene hinausspringt.

Natürlich ist es ein alter Trick, gerade dann eine Szene zu verlassen, wenn es spannend wird. Der Held hängt über dem Abgrund, nur noch mit einer Hand kann er sich halten. Der Mörder grinst diabolisch, hebt den Fuß, um genüsslich auf die Hand zu treten – und der Autor wechselt in eine andere Szene, ein anderes Kapitel.

Cliffhanger nennt man so etwas.

Allerdings setzt auch ein gekonnter Cliffhanger einiges

voraus. Genau wie bei einer Rückblende muss die Szene, in die der Autor springt, zur Geschichte gehören und selbst eine eigene Spannung haben. Wenn anschließend erzählt wird, wie die Mama des Helden uns in gelangweiltem Ton mitteilt, wann und wie er entwöhnt wurde, erkennt der Leser den Zweck und ist verstimmt.

Merke: Am Anfang sollte ein Autor erst einmal seine Figur etablieren und nur dann hin- und herspringen, wenn es wirklich gute – und spannende! – Gründe dafür gibt.

Logik und sinnliche Wahrnehmung

Noch ein Problem habe ich bei diesem Text. Der Absatz vor dem Ziehen der Reißleine vermittelt keineswegs das Gefühl, hier würde jemand dem Boden entgegenstürzen. Sarah hat Zeit, Einzelheiten zu sehen, zu riechen, zu spüren. Das ist sogar eine der stärksten Stellen der Geschichte, wenn Sarah mit allen Sinnen ihren Flug genießt. Sie riecht den Müll, fühlt die eisige Kälte und sieht jede Einzelheit.

Hier nimmt uns der Autor mit. Wir erleben mit der Heldin den Flug und spüren ihre Sinneseindrücke. Nur: Ich spüre keinen Sturz, Sarah fällt nicht wie ein Stein zu Boden. Die Flügel sind bereits entfaltet, sie kreist.

Und damit sind wir bei der Logik des Textes. Was ist mit der Reißleine? Natürlich gibt es bei Fallschirmen Reißleinen, kann ein Segler Aufwinde nutzen, wir wissen das. Aber wir können fliegen, wissen Bescheid über Thermik, Aerodynamik und wie schnell ein Körper fällt.

Weiß Sarah das alles? Ich bezweifle es. Außerdem: Eine Art Drachensegler zu bauen, mag schon schwierig genug sein, wenn es keine funktionierende Technik mehr gibt. Das Ganze so zu konstruieren, dass es sich erst mit Betätigung der Reißleine entfaltet, klingt nicht überzeugend.

Und der Aufwind? Das Mädchen hat Raubvögel am

Himmel beobachtet, wie sie kreisen, an Höhe gewinnen. Weiß sie deshalb um Aufwinde? Lassen wir sie es entdecken. Plötzlich hebt ein Wind sie hoch, sie kreist, wie die Vögel kreisen und gewinnt an Höhe. Jetzt begreift sie, wie das funktioniert. Das bietet Potenzial für die Szene, das ein Autor nicht verschenken sollte. Gerade weil die Szene so anschaulich beschrieben wird, dass der Leser den Flug miterlebt, fallen die Logikfehler um so deutlicher auf.

Ihre Geschichte sollte logisch in sich geschlossen sein. Wenn der Leser Lücken entdeckt, innere Widersprüche, fällt er schnell aus dem Text und glaubt dem Autor nicht mehr. Und schlägt das Buch zu. Prüfen Sie Ihre Texte, vor allem solche, die nicht in der Jetztzeit spielen, auf Konsistenz. Besser noch: Lassen Sie sie von Testlesern prüfen. Fragen Sie diese danach: Gab es Dinge, die euch unwahrscheinlich, unlogisch, widersprüchlich erschienen?

Noch einmal: Aktiv schreiben!

Schauen wir uns zum Schluss noch einen Satz aus dem Text an, den, in dem Sarah den merkwürdig blinkenden Gegenstand betrachtet: „Und schon regte sich ihre Neugier wieder, und ohne Rücksicht auf ihren schmerzenden Arm beschloss sie sofort, diesem Blinken auf den Grund zu gehen.“

Eigentlich ein sehr spannender Moment. Aber wenig aktiv geschildert. Warum nicht statt: „ohne Rücksicht“ ein starkes Verb verwenden, zum Beispiel: „Sie vergaß sofort ihren schmerzenden Arm und sprang auf, um dieses Blinken zu ergründen”? Da ist dann gleich auch noch die umständliche Konstruktion beseitigt, dass sie erst „beschloss“ und dann aufsprang. Starke Verben sind Verben, die Handlungen beschreiben, keine umständlichen Umschreibungen. „Feststellen“, „beschließen“, alle Verben, die selbst nichts aussagen, sondern einen Nebensatz einleiten, in dem dann etwas geschieht, sind schwache Verben. Sie eignen sich für Gesetzestexte, für Lexikas, für wissenschaftliche Beiträge. Aber nicht für handlungsreiche Szenen.

Erinnern Sie sich an das Kapitel „Aktiv schreiben“ bei dem Text „der Knall“? Was ich dort über Substantivierungen und Nominalstil sagte, gilt auch hier. Starke Verben verwenden, aktiv schreiben, das lässt Ihre Geschichte ins Rollen kommen. Schwache Verben oder gar Hilfsverben verbunden mit substantivierten Verben bremsen sie aus, können auch den spannendsten Text in einen langweiligen Vortrag verwandeln.

Übung

Lesen Sie noch einmal den Text „Treomeran“. Markieren Sie alle Stellen mit schwachen Verben, Hilfsverben und Substantivierungen. Ersetzen sie diese durch aktive, starke Verben und lassen sie die Szene dadurch lebendiger werden.

Lieblingswörter

Kommen wir zu dem Wörtchen „scheinbar“, das in diesem Text öfters auftaucht. Die Bäume gedeihen scheinbar gut auf dem Boden der Müllhalde. Mal davon abgesehen, dass hier „anscheinend“ gemeint ist – „scheinbar“ würde bedeuten, dass es nur so aussieht, sie in Wirklichkeit aber nicht gut gedeihen – wissen Sie, wie solche Worte auf den Leser wirken?

Sie wirken abschwächend. Der Autor kennt sich scheinbar nicht genau aus, anscheinend will er sich nicht so richtig festlegen. Worte wie „scheinbar“, „anscheinend“, „ungefähr” sind Füllwörter, wirken wie eine faule Ausrede von Autoren. Gedeihen die Bäume nun gut oder nicht? „Äh, tut mir Leid, lieber Leser, da bin ich mir nicht ganz sicher, nagle mich bitte nicht auf diese Aussage fest, ich weiß, das ist zweifelhaft.“

Kurz gesagt: Es wirkt, als hätte der Autor seine Hausaufgaben nicht gemacht.

Jeder Autor hat Lieblingsworte dieser Art. Welche sind die Ihren? Bevorzugen Sie „vermutlich“? Oder „offenbar“, „möglicherweise“? Prüfen Sie Ihre Texte einmal auf solche Lieblings-Vermeidungsworte.

Also, liebe Autoren, legen Sie sich fest. Ja, das kann schief gehen. Man kann Ihnen vielleicht Fehler nachweisen. Das Risiko müssen Sie schon eingehen, um glaubwürdig zu schreiben. Wer hat Ihnen versprochen, dass Schreiben einfach und ohne Risiko sei?

Die Brüder Kallauch

Seit einer Stunde hockte Henning nun schon im Bad und starrte vor sich hin. Ruhig war es, aber nicht still. Durch das gekippte Fenster drang Kälte und der Fernsehlärm von nebenan. Dumpf ließen sich Stimmen aus anderen Wohnungen vernehmen; ab und an das laute Röhren eines Trabis – im Plattenbau wurde es niemals still.

Doch das nahm Henning kaum wahr. Er dachte an frühere, bessere Zeiten. Als er ein Lehrer war und es leidenschaftlich liebte, wenn die Schüler ihre eigenen Ideen entwickelten und sich vom Stoff des Lehrplans lösten. Einmal, kurz vor den Weihnachtsferien, hatte er ihnen ein Aufsatzthema gestellt: Das gefällt mir nicht an der DDR. Seine achte Klasse war nach anfänglichem Zögern über sich hinausgewachsen. Wirklich alle schrieben sie fleißig. Vielfach klang noch ihr bedauerndes Och! in seinen Ohren, welches mit dem Pausenklingelzeichen ertönte. Einige Zeit später erschienen zwei Herren der Staatssicherheit und nahmen ihn mit. Sie ließen ihn nicht wieder gehen – für ganze vier Jahre nicht. Obwohl sein älterer Zwillingsbruder aktives Parteimitglied und für irgendein Ministerium tätig war. Erich hatte ihn nicht ein einziges Mal während der langen Haftzeit besucht. Naja, sicherlich sorgte ihn seine Karriere. Vermutlich konnte er es sich nicht leisten, mit einem politisch umtriebigen Bruder engen Kontakt zu pflegen. Spitzel gibt's eben überall …

„Henning!", rief plötzlich die Mutter aus dem Wohnzimmer, „Henning!"

„Ja?" Henning gab mechanisch Antwort. Er wollte sich nicht von seinen Gedanken lösen. Heute morgen hatten SIE ihn plötzlich entlassen. Einfach so, ohne Vorankündigung. Einer der Aufseher war in seine Zelle gekommen: „Backn Se Ihre Siemsachn, Kallauch, in ner halbm Stunde ham Se's überstandn!" Und dann stand er tatsächlich vor dem Tor.

Doch was sollte nun werden? Mit seiner Akte könnte er bestenfalls noch als Hilfspacker im VEB NARVA unterkommen.

„Schnell!" Die Mutter schrie: „Im Fernsehen!"

Henning betätigte den Spülknopf, zog die Hose hoch.

„Der Schabowski …" Wieder die Stimme seiner Mutter. Im Treppenhaus wurde es lebendig. Eine Wohnungstür flog krachend gegen die Wand, Jubelgeschrei, Anfeuerungsrufe wie MACH HIN! und BEEIL DICH DOCH! waren zu vernehmen, schwere Schuhe donnerten den Flur entlang, die Treppe hinab. Ein schrilles WARTE! direkt vor der Wohnungstür. Henning schenkte sich das Händewaschen. Er stürzte ins Wohnzimmer. Die Mutter saß starr vor dem Fernseher. „Die Grenzen sind offen", sagte sie fassungslos. „Schau doch … wir können rüber."

Das Leben kam in sie zurück. Sie sprang auf, umhalste Henning. Widerstandslos wie eine Marionette ließ er es geschehen, starrte unverwandt auf die Mattscheibe. Dann riss er sich los. „Ich muss das selber sehen!" Er ratschte die Jacke vom Hacken und stürmte aus der Wohnung. Im Treppenhaus sechs Stockwerke Drängeln und Schieben nach unten – für gewöhnlich traf man hier weniger Nachbarn. Nicht einer der runterwärts Strebenden kam Henning bekannt vor – lange war er weg gewesen. Der Fahrstuhl steckte mit geöffneten Türen und einem Leib voller Menschen zwischen drittem und viertem Stock. Wohl dem, der laufen kann. Vorwärtsstrebende Menschen auf der Straße. Wie zur Maikundgebung oder zur Ferienzeit. Sie drängten Richtung Westen – glückliche, erwartungsfrohe Gesichter. Henning lief mit. Die Grenzen offen – sollte es sich um einen Scherz handeln oder einen Test und jeder, unterwegs zum goldenen Westen, würde einkassiert? Der nächstgelegene Grenzübergang hieß Oberbaumbrücke. Geschickt umrundete Henning eine Frau mit Kinderwagen; ältere Menschen und Leute mit kleinen Kindern kamen langsamer voran. Noch waren unterschiedliche Geschwindigkeiten möglich. Je näher die Grenze kam, desto dichter wurde der Menschenstrom. Aus Hauseingängen kamen sie, aus Nebenstraßen – von überall her drängten sie auf die Sonnenallee. Die Fahrbahn war mit laufenden Menschen verstopft. Scheinwerfer, Hupen – Autos kamen nicht weiter. Manch einer ließ sein Fahrzeug stehen wo es stand und lief mit. Schneller, schneller, ich will zuerst drüben sein. Hier hätte man zur Oberbaumbrücke abbiegen müssen. Es war unmöglich, aus der Masse auszuscheren. Der Mob walzte vorwärts. Henning mittendrin. Weiter vorn kam die Mauer in Sicht. Hell angestrahlt, wie es schien von beiden Seiten der Grenze. Darauf und davor herrschte Volksfeststimmung. Hunderte von Menschen vor der Mauer und nicht ganz so viele obendrauf. Sie lagen sich in den Armen, tanzten, weinten, lachten, tranken Sekt, schwangen Bierflaschen, stießen Victory-Zeichen in die Luft. Das war kein Test: Das war real! Sie halfen einander die Mauer zu erklimmen – eigenartig mühelos sah das aus. Hie und da fiel einer wieder herunter – gar zu dicht war das Gedränge auf dem Grat. Immer mehr Menschen strebten auf die Mauer. Bereitwillig halfen die Umstehenden.

Beschreiben und Bilder erzeugen

Ein Mann wird nach vier Jahren aus dem DDR-Knast entlassen. Er weiß nicht, was werden soll, denn mit seiner Akte wird er bestenfalls Hilfspacker. So sitzt er im Bad und hängt seinen Gedanken nach – da meldet das Fernsehen: „Die Mauer ist offen!"

Wie wird die Maueröffnung hier beschrieben? Sehr allgemein. Als hätte der Autor keine rechte Vorstellung davon, was passiert und überspielt das mit Sätzen wie: „Vorwärtsstrebende Menschen auf der Straße", „Autos kamen nicht weiter", „Manch einer ließ sein Auto stehen." Tja, wer ließ sein Auto stehen? Wo? Wie lief das ab?

Ich sehe hier keine Bilder. 1968 rollten die russischen Panzer in Prag ein und beendeten brutal den Prager Frühling. Ich war achtzehn und kann mich heute noch an jedes Detail erinnern. Das war nicht „irgendein Radio", in dem ich die Nachricht morgens um halb neun hörte, das Radio war weiß, hatte einen durchsichtigen Plastikdeckel und einen integrierten Schallplattenspieler. Als der russische Botschafter die Botschaft in Bonn verlassen wollte, herrschte keine Empörung (allgemeine Schilderung), vielmehr kletterten Menschen auf den Wagen des Botschafters und hämmerten mit den Fäusten auf das Dach.

Autoren drücken sich – bewusst oder unbewusst – gerne; Bilder mit Worten im Kopf der Leser entstehen zu lassen, ist Knochenarbeit. Wer sie scheut, greift zu allgemeinen Beschreibung, beschreibt „Menschen“, aber keine bestimmten, lässt ein Auto am Straßenrand stehen, aber beschreibt nicht, wie das gemacht wurde – immerhin sind die Straßen voll! – kurz, die Sätze handeln vom abstrakten Menschenstrom, aber nicht von konkreten Menschen.

Abstrakte Behauptungen erzeugen aber im Leser keine Bilder. „Millionen Soldaten starben sinnlos in den Schlachten des ersten Weltkrieges“ wäre eine abstrakte Behauptung, das keine Bilder und damit auch keine Vorstellung im Leser weckt. Der Roman „Im Westen nichts Neues“ schildert das Schicksal einiger weniger Soldaten konkret, mit Szenen, die im Leser Bilder wecken, alle Sinne ansprechen und schafft es so, das Grauen des Krieges lebendig werden zu lassen.

Aber wie vermeidet man abstrakte Behauptungen, schreibt man konkrete Szenen, die Bilder wecken?

Durch Eintauchen. Der Autor muss sich in die Szene versetzen. Konkret: Wer ließ sein Auto stehen? Wo ließ er es stehen? Wie machte er das? Schloss er alle Türen ab und kontrollierte noch mal nach, ob wirklich alles abgeschlossen war? Wie reagierten die anderen Autofahrer, denen er möglicherweise den Weg versperrte?

Schließen Sie die Augen und lassen Sie die Szene vor sich entstehen. Wie sieht das Bild aus? Welche Farben sehen sie? Wie riecht es? Wie fühlt sich das an (denken Sie daran, dass die Menschen eng gedrängt gingen, jeder hatte Fühlung mit jedem). Was hören Sie?

Dann lässt nicht mehr mancher sein Auto stehen, wo es steht. Sondern:

Vor Henning stieg ein Mann mit rotem Pullover aus dem Trabi. Er schloss nicht mal die Tür, sondern reihte sich einfach in den

Strom der Fußgänger ein. Der Fahrer hinter ihm hupte, aber der Mann drehte sich nicht um. Da stieg auch der andere aus und ging zu Fuß weiter.

Bei historischen Ereignissen kommt noch mehr dazu. Wie war das damals (wenn Sie es selbst erlebt haben)? Möglichst viel über das Ereignis lesen, Videos ansehen, Teilnehmer befragen, wenn Sie es nicht selbst erlebt haben. Das klingt nach harter Arbeit? Das ist harte Arbeit. Aber daraus entstehen dann Sätze, die im Leser Bilder wecken.

Sie werden bei dem Versuch, sich die Szene auszumalen, eine Menge Material ansammeln. Längst nicht alles wird in Ihrer Szene auftauchen. Geschichten sind wie Eisberge: Was der Leser zu sehen bekommt, ist nur ein Bruchteil dessen, was der Autor weiß. So viel Arbeit für sowenig Erfolg, denken Sie? Ich will doch nur eine Szene schreiben, muss ich da jedes Detail kennen?

Fußballspieler trainieren eine ganze Woche, obwohl sie am Samstag nur neunzig Minuten spielen. Wer hat Ihnen versprochen, dass Schreiben leichter sei?

Wenn Sie sich diese Arbeit nicht machen, nicht viele, viele Stunden scheinbar nutzloser Arbeit einsetzen, die niemand je zu sehen bekommt, merkt es der Leser.

Übung I

Auch ganz alltägliche Begebenheiten und Hintergründe zu beschreiben, ist nicht einfach. Es muss nicht gleich die Weltgeschichte sein.

Wie sieht Ihre Küche morgens um vier nach einer Party aus? Benutzen Sie für die Beschreibung alle Sinne. Wie riecht es? Nach abgestandenem Bier, Fett von kalter Pizza? Wie fühlen sich die Gläser an, wie die versiffte Spüle? Was für einen Geschmack haben Sie selbst auf der Zunge, nach Alkohol, Pizza und vielleicht einigen Zigaretten?

Beschreiben Sie einfach Ihren Gang in die Küche, nachdem Sie den letzten Gast an der Tür verabschiedet haben. Und jetzt schauen Sie sich in der Küche um. Was nehmen Sie wahr? Was tun Sie? Räumen Sie auf? Spülen Sie ab? Drehen Sie sich um und fliehen ins Bett?

Übung II

Haben Sie eine Lieblingslandschaft? Oder eine historische Zeit, die es Ihnen angetan hat? Dann schreiben Sie eine Szene, die in dieser Landschaft oder Zeit spielt. Lassen Sie Ihren Helden dort wandern, reiten oder fahren. Oder lassen Sie ihn ein Zeitereignis erleben. Wie wäre es mit der Hinrichtung Marie Antoinettes? Oder er überschreitet mit Cäsar den Rubikon? Oder …

Rückblende revisited

Zurück zum Anfang der Geschichte: Auch hier springt der Autor direkt nach dem ersten Absatz in eine Rückblende. Wir erfahren, warum Henning eingesperrt wurde: Weil er einen Aufsatz gestellt hatte – mit dem falschen Thema. Sicher eine spannende Szene, doch hier wird es kurz in einem Absatz abgehandelt. Diese Szene verdient mehr Raum. Warum stellt ein Lehrer in der DDR einen Aufsatz mit dem Thema: „Das gefällt mir nicht an der DDR"? Dass er damit Ärger und Kontakt mit der Stasi bekommt, sollte er wissen. Auch in Bayern würde ein Lehrer mit dem Aufsatzthema: „Was gefällt mir nicht an Bayern?" zwar nicht ins Gefängnis kommen, karrierefördernd wäre es aber nicht.

Was trieb diesen Lehrer also an? War es eine Kurzschlusshandlung? Politischer Protest? Opposition gegen seinen Bruder, den politisch korrekten Funktionär?

Nichts davon wird hier auch nur angerissen. Wir erfahren die kondensierte Fassung in einem Rückblick. Nescafé-Szene, gefriergetrocknet und granuliert.

Was tun? Die Rückblende hier ganz streichen, wäre eine Möglichkeit, sie könnte später eingeflochten werden, dort, wo sie mehr Raum hat. Oder häppchenweise den Leser begleiten:

Warum hatte er nur dieses Aufsatzthema gestellt. Vier Jahre seines Lebens für einen kurzen Triumph.

Das wäre das erstes Häppchen. Ein paar Seiten weiter:

Der Offizier war neu hier. Er sah ihn nachdenklich an, dann schüttelte er den Kopf. ‚Was gefällt Ihnen nicht an der DDR?', fragte er. Henning zuckte die Schultern. 'Na, sagen Sie's ruhig'. Als ob es darauf ankäme, was ihm nicht gefiel. Er hatte den Aufsatz nicht geschrieben, geschrieben hatten die Schüler. Erst zögerten sie, blickten ihn misstrauisch an, überlegten, wie ernst das Thema gemeint war. Doch einer nach dem anderen senkte den Kopf und fing an zu schreiben.

Natürlich könnte der Autor auch chronologisch erzählen. Dann würde zuerst die Szene mit dem Aufsatz geschildert. Das wäre der Anfang. Warum stellt Henning das Thema? Was fühlt er dabei? Wie reagieren die Schüler? Und schließlich reagiert die Staatsmacht. Ende der ersten Szene.

Dann seine Entlassung, seine Hoffnungslosigkeit, die ihn im Bad hocken lässt. Und schließlich die Mutter mit der Fernsehmeldung.

Merken Sie was? Ich habe hier die Reihenfolge noch weiter umgestellt. Denn im vorliegenden Text haben wir nicht nur die Rückblende im zweiten Absatz, sondern eine weitere, die Entlassung im dritten. Zwei Rückblenden hintereinander, das ist nun wirklich zuviel.

Stellen wir das Ganze doch mal um, wie ich es schon angedeutet habe. Beginnen wir mit der Entlassung. Dann die Hoffnungslosigkeit im Bad, der Gedanke mit dem Hilfspacker. Schließlich die Mutter mit der Neuigkeit. Das sähe dann so aus:

Heute morgen hatten SIE ihn plötzlich entlassen. Einfach so, ohne Vorankündigung. Einer der Aufseher kam in seine Zelle: „Backn Se Ihre Siemsachn, Kallauch, in ner halbm Stunde ham Se's überstandn!" Und dann stand er tatsächlich vor dem Tor.

Zurück in der Wohnung hockte sich Henning ins Bad und starrte vor sich hin. Ruhig war es, aber nicht still. Durch das gekippte Fenster drang Kälte und der Fernsehlärm von nebenan. Dumpf ließen sich Stimmen aus anderen Wohnungen vernehmen; ab und an das laute Röhren eines Trabis – im Plattenbau wurde es niemals still. Lange saß er so. Was sollte nun werden? Mit seiner Akte könnte er bestenfalls noch als Hilfspacker im VEB NARVA unterkommen.

„Henning!", rief plötzlich die Mutter aus dem Wohnzimmer, „Henning!"

„Ja?" Henning gab mechanisch Antwort.

„Schnell!", schrie die Mutter. „Im Fernsehen!"

Henning betätigte den Spülknopf, zog die Hose hoch.

„Der Schabowski ..." Wieder die Stimme seiner Mutter.

Wohin nun mit der Szene mit dem Aufsatz? Sie könnte als Prolog am Anfang kommen – damit begann schließlich alles. Oder der Autor flicht sie später ein. Beides wäre möglich. Welche Variante man wählt, hängt auch davon ab, wohin die Geschichte führt und wie wichtig diese Aufsatzszene für die Geschichte ist. Ist sie nur der Grund, dass Henning im Knast landete, ansonsten aber ohne Bedeutung? Oder wird sie später wichtig, weil sich daraus etwas Spezifisches für die Geschichte entwickelt?

Wird es später wichtig, könnte man sie als Prolog schreiben. Ist nur der Knast, nicht aber der Anlass wichtig, reicht auch ein Halbsatz.

Vielleicht sollten wir es hier aber, allen Mahnungen zum

Trotz, doch einmal mit einer Rückblende versuchen? Jetzt haben wir am Anfang eine Szene, springen nicht direkt in den Flashback. „Der Schabowski“, das zeigt an, dass etwas Wichtiges passiert ist. Aber Henning glaubt nicht an das große Ding. Dem Schabowski traut er sowenig wie den anderen DDR-Bonzen, zu denen auch sein Bruder gehört. Das wäre eine mögliche Überleitung:

„Der Schabowski…“ Wieder die Stimme seiner Mutter.

Schabowski! Als ob ihn noch interessieren würde, was der sagte. Die sahen alle gleich aus, sagten das Gleiche. Wie sein Bruder, der ihn nie im Knast besucht hatte. Vermutlich aus Angst, er wollte seine führende Rolle in der Arbeiterklasse nicht gefährden, die ihm einen hohen Posten im Ministerium eingebracht hatte.

„Was gefällt mir nicht an der DDR?“ Diese Frage hatte der sich nie gestellt. Solche Fragen gab es für den nicht.

Seine Klasse dachte anders. Erst starrten sie das Thema an der Tafel mit großen Augen an. Keiner wagte es, zum Füller zu greifen. Sie saßen da und warteten, als hofften sie, dass es nur ein Traum wäre, gleich würde der Wecker läuten und sie wären erlöst.

Doch dann griff Christoph Banzer plötzlich zum Füller. Warf Henning einen scheuen Blick zu, als ob er fürchtete, dass dieser das Thema an der Tafel auswischen und stattdessen ein staatstragendes hinschreiben würde. Und alle, die nichts geschrieben hatten, würden dafür beim nächsten Treffen der jungen Pioniere belobigt werden.

Aber Henning wischte nicht fort, was an der Tafel stand. Und Christoph schraubte den Füller auf und begann zu schreiben. Eva Hemmers sah es und griff ebenfalls zum Füller. Binnen kurzem beugten sich achtundzwanzig Schülerköpfe eifrig über die Hefte, so eifrig hatten sie noch nie geschrieben.

Als die Klingel läutete, quittierten das viele enttäuschte „Ochs“.

Einigen musste er die Hefte regelrecht unter dem Füller wegziehen. Christoph drehte sich in der Tür um und warf ihm einen fragenden Blick zu.

Die Frage war berechtigt. Zwei Tage später standen zwei graugekleidete Männer vor seiner Tür. Anders als seine Schüler waren sie nicht begeistert.

„Der Schabowski!", rief noch mal die Mutter.

Was kümmerte ihn der! Noch in zwanzig Jahren würde der immer das Gleiche sagen. Dem gefiel die DDR ganz ausgezeichnet, inklusive des antifaschistischen Schutzwalls.

„Der Schabowski sagt, die Grenze ist offen", rief die Mutter. „Wir dürfen in den Westen!"

Schabowski ist hier das Stichwort, das in die Rückblende überleitet. Er ist einer der typischen Bonzen, wie Hennings Bruder. Was interessiert Henning, was Schabowski sagt? Seit damals, seit diesem Aufsatz, ist ihm das herzlich gleichgültig. Und schon sind wir mitten in der Schulstunde, in einer Szene.

Der erneute Ausruf der Mutter: „Der Schabowski" reißt uns aus der Rückblende zurück in die Gegenwart. Und jetzt sagt dieser Schabowski tatsächlich etwas, das keiner erwartet hat, Henning schon gar nicht: Die Grenze ist offen. Der antifaschistische Schutzwall ist gefallen. Wir sind wieder in der Gegenwart. So könnte man in eine Rückblende überleiten und aus dieser wieder zurück in die Gegenwart der Geschichte.

Ist Ihnen bei der Rückblende etwas aufgefallen? Fehlt etwas?

Ich habe nicht alles erzählt. Was steht in der Szene? Dass Henning ein unübliches, unerwünschtes Aufsatzthema gestellt hat, wie die Schüler darauf reagierten und wie die Staatssicherheit. Die Szene beantwortet die Frage: „Warum kam Henning in den Knast"? Sie beantwortet nicht die Frage: „Warum hat er überhaupt so ein Thema gestellt?" Einiges können wir vermuten. Da ist der Bruder, vielleicht war es Opposition gegen ihn? Vielleicht ödeten Henning die immer gleichen Selbstbeweihräucherungen an? Vielleicht hatte er sich Jahre lang als Lehrer verbiegen müssen, aber jetzt reicht es ihm?

Wer etwas erzählt, tut gut daran, nicht alles gleich zu erzählen, sondern eine Frage zu beantworten und gleichzeitig eine neue aufzuwerfen oder offen zu lassen. Was Henning zu dem Aufsatzthema trieb, könnte später noch beantwortet werden. In einer weiteren Rückblende? Möglicherweise. Wenn das für unsere Geschichte wichtig ist.

Wildwechsel

Du bist schon wieder nicht angeschnallt, rügte sie ihn.

Dabei wusste sie, dass ihre Mahnung vergeblich war. Er hasste den Sicherheitsgurt, behauptete, dass er ihn einengen würde. So kam auch die erwartete Antwort: Wir haben ein sicheres Auto und sind beide gute und vorausschauende Kraftfahrer, was soll da passieren?!

Resigniert zuckte sie mit den Schultern. Die Vorfreude auf den lange ersehnten Urlaub war viel zu groß, um durch fruchtlose Diskussionen schlechte Stimmung aufkommen zu lassen.

Als sie vom Hof gefahren waren, waberten Nebelschwaden über die niedrige Böschung, die sich gleich gegenüber von ihrem Haus nur durch die schmale Straße getrennt über den alten Kanal erhob.

Das Dorf lag noch in tiefem Schlaf, als sie sich auf den Weg machten.

Müde reihten sich die Häuser am Straßenrand aneinander. Fast geräuschlos glitten sie an ihnen vorbei, als ob sie bemüht waren, sie nicht aufzuwecken. Nur ein- oder zweimal regte sich Licht hinter einem Fenster und signalisierte ihnen, dass sie nicht allein waren.

Wohlig rekelte sie sich in dem bequemen Autositz, beobachtete jedoch aufmerksam die Straßenränder. Die Scheinwerferstrahlen, die ihnen voraus eilten, erhellten die Straße und den angrenzenden Wald, eröffneten ihnen hinter jedem Bogen, jeder Kurve neue Perspektiven ihres Weges.

Es war vier Uhr in der Frühe und noch dunkel; die Sonne würde erst in etwa zwei Stunden aufgehen. Vorsicht war also geboten, denn Wild konnte überraschend auf die Fahrbahn springen.

Nach einigen Minuten erreichten sie die Autobahn, und nun lagen viele Kilometer Fahrt vor ihnen: Berlin, Prag, Bratislava und schließlich würden sie in Györ nach Süden abschwenken. Von dort war es nicht mehr allzu weit bis zu ihrem Ziel Tihany, der Halbinsel im Balaton.

Es war eine Reise in die Vergangenheit und zugleich auch in die Zukunft. Viele Male hatten sie dort zuerst mit den Kindern, später alleine Urlaub gemacht; die herrliche Landschaft, die Gastfreundschaft und Herzlichkeit der Ungarn, aber auch das westlich ange-

hauchte Flair dieses Ostblocklandes, das so ganz anders war als die übrigen, genossen. Nun hatten sie zum ersten Mal die begehrte D-Mark in ausreichender Menge zur Verfügung, mussten nicht mehr sparen und sich mit dem limitierten Jahresumtausch-satz begnügen.

Schnurrend fraß das Auto Kilometer um Kilometer, brachte sie ihrem Ziel entgegen. Plötzlich spürte sie seine Hand und schreckte aus ihren Erinnerungen auf.

Du lächelst. Woran hast du gerade gedacht? Sie streichelte sanft seine Hand.

Ich freue mich auf den Urlaub und über unser neues Auto. Ich musste gerade daran denken, wie wir uns über den Kauf fast zerstritten hätten!

Wieder einmal hattest du mich davon abgehalten, nach den Sternen zu greifen. Er lachte.

In diesem Falle war es ein Mercedes-Stern gewesen. Aber du hast ja recht wir sollten alles langsam angehen und abwarten, was uns die Zukunft bringt.

Sie nickte. `Davon gekommen`, dachte sie, `gerade noch einmal davon gekommen!`

Fast ein Jahr nach der Wende gehörten sie zu denen im Osten des Landes, denen der Absprung in die neue Gesellschaft fast nahtlos geglückt war: Sie hatte ihre Arbeit als Juristin in der Kreisverwaltung behalten. Das Wirtschaftsministerium der DDR, in dem er als Abteilungsleiter tätig gewesen war, wurde aufgelöst. Aber er war seit März in der neu gegründeten Treuhandanstalt angestellt. Sein Probehalbjahr war überstanden, die Anstellung sicher.

Im Gegensatz zu den meisten zog es sie im ersten Urlaub nicht nach Spanien oder Griechenland, sondern in das vertraute Ungarn.

Über den Kauf des neuen Autos war es zwischen ihnen zu erbitterten Auseinandersetzungen gekommen: Peter hatte unbedingt einen Mercedes – Wunschtraum und Status Symbol zugleich – kaufen wollen, während Anita immer noch vorsichtig abwarten wollte, wie sich ihre finanziellen Verhältnisse entwickeln würden. Schließlich hatte sie ihn überzeugt, einen Volkswagen zu kaufen. Allerdings hatte er ihr mit dem Passat Variant einen Kompromiss abgerungen, der seinem Geltungsbedürfnis doch noch Rechnung trug.

Vorher hatten sie einen Wartburg Tourist gefahren, ein Traumauto der damaligen Zeit was längst nicht im Bereich der finanziellen Möglichkeiten jedes DDR Bürgers gelegen hatte.

Nun musste Peter lächeln. Als er Anita kennen lernte, hatte Grit, ihre Freundin aus Kindheitstagen, ihn gewarnt:

Nimm dich in Acht! Sie ist zwar weich und anschmiegsam, auch anscheinend endlos nachgiebig. Aber wie ein Gummiband, das überdehnt wird, schnippt sie unvermittelt zurück und ist nicht mehr zu halten, wenn du eine Grenze überschreitest.

Seit Februar 1962 waren sie nun verheiratet, er hatte noch nicht einen Tag bereut. Ihre unterschiedliche Sicht auf die Dinge machte ihr Zusammenleben interessant, manchmal allerdings auch schwierig. Aber schließlich hatten sie immer einen Konsens gefunden.

Vorpreschen und Bremsen: es bestimmte ihr Leben und brachte sie über die Jahre im gegenseitigen Nehmen und Geben.

Zärtlich blickte er zur Seite, sie war eingeschlafen. Er fühlte sich immer noch frisch und fahrbereit. Wenn er müde würde, könnte er sie wecken. Sie waren gut eingespielt, einer stand für den anderen ein.

Die Sonne war inzwischen aufgegangen, es versprach ein schöner Tag zu werden. Der Sommer war nicht zu heiß gewesen, und so zeigten sich jetzt in der Mitte des Septembers Wiesen und Bäume noch weitgehend grün. Nur vereinzelte Laubfärbungen gaben Hinweise auf den baldigen Herbst. Millionen kleiner Spinnen hatten voller Fleiß auf vertrockneten Blüten, Gräsern, Büschen und Bäumen ihre Netze gewebt, in denen sich Tautropfen gesammelt hatten. Die ersten Strahlen der aufgehenden Sonne brachten sie zum Glühen und Funkeln, als wären es Diamanten.

Altweibersommer!

Peter liebte diese Jahreszeit und in Ungarn besonders: die Gluthitze der Sommermonate war allmählich verebbt, abgelöst von angenehm warmen Tagen. Gärten und Felder zeigten ihre sonnengereiften Früchte und mahnten die baldige Ernte an. Auf den Märkten und auf den Hofeinfahrten wurde Obst und Gemüse in Hülle und Fülle angeboten, eben erst frisch geerntet. Die Weinlese würde bald beginnen, wie immer wollten sie Janos an einem Tag helfen. Aber vor allem nach der Anspannung der letzten Monate ausschlafen, lange Spaziergänge machen, im See und in Thermalbädern baden und? und? und?

Seine Gedanken sprangen umher wie übermütige Fohlen auf einer weiten Koppel, verweilten hier und da, drängten doch immer wieder vorwärts, dem Ziel entgegen.

Gibt es hier keine grünen Ampeln? unterbrach Anita, vom ständigen Anhalten aufgewacht, seine Gedanken!

Das schon! Aber wir reiten auf einer roten Welle und der goldene Reiter weist uns den Weg. Willkommen in Dresden! erwiderte er.

Sie gähnte herzhaft.

Ich bin doch wirklich fest eingeschlafen! In der Nacht habe ich auch vor lauter Aufregung wenig geschlafen. Wollen wir bei der nächsten Parkmöglichkeit anhalten und eine Tasse Kaffee trinken?

Die Tank- und Einkaufstouristen aus der deutschen Grenzregion lagen wohl noch in den Federn, so kamen sie zügig voran.

Die Angst des Autors vor dem Stoff

Ein Ehepaar fährt kurz nach der Wende in Urlaub. Beide hatten gute Jobs in der DDR, keiner der beiden wurde entlassen, sie haben ein neues Auto gekauft und der Mann hat keinen Moment bereut, dass er die Frau geheiratet hat. Nicht mal über die Wahl des Autos gibt es richtig Streit, denn die beiden finden immer einen Kompromiss. Und auch der Sommer war nicht zu heiß gewesen, weswegen noch immer alles grün ist.

Schön für die beiden, dass alles so voller Harmonie verläuft. Aber leider, leider, Harmonie ist nicht das, was Geschichten interessant macht. Geschichten leben von Konflikten, davon, dass etwas nicht klappt, dass sich Eheleute nicht verstehen. Ein wenig klingt das an, wenn über die Wahl des Autos berichtet wird und dass es darüber Streit gab. Aber natürlich nur fast.

Immer wieder erlebe ich in Texten, dass den Konflikten ausgewichen wird. Der Autor liebt seine Figuren, er wünscht ihnen alles Gute. Verständlich, aber leider falsch. Autoren sind keine guten Samariter und nicht das Rote Kreuz. Faust verschreibt sich dem Teufel, und Goethe verhindert das nicht dadurch, dass er ihn mit einer Hundehaar-Allergie versieht, die dafür sorgt, dass er den Pudel und seinen Kern meidet und fortan gottesfürchtig und glücklich das Richtige tut. Und am Schluss, wenn er an der Himmelspforte anklopft, erfährt er von Petrus: „Beinahe wärst du dem Teufel begegnet!“, worauf er erschrickt und sagt: „Wie furchtbar!“, und sich vor Entsetzen schüttelt. Welch Irrweg blieb ihm da erspart und welche Aufsatzthemen den Abiturienten!

Hänsel und Gretel werden von den Eltern in den Wald geschickt und kommen zu dem Knusperhäuschen einer menschenfressenden Hexe. Aber nein, der Autor hat ein Einsehen, kurz bevor sie des Häuschens ansichtig werden, begegnen sie einem Wildhüter, der nimmt sie mit, denn er hat keine eigenen Kinder und sie leben in seinem Haus glücklich und zufrieden. Bis eines Tages Gretel die Zeitung aufschlägt und entsetzt sagt: „Stell dir vor, Hänsel, da hat die Polizei eine Menschenfresserin dingfest gemacht. Direkt an der Stelle, wo uns damals dieser liebe Wildhüter aufgelesen hat.“

„Wie entsetzlich“, sagt Hänsel und ein Schauder läuft ihm den Rücken hinab.

Solche Geschichten freuen den Hartmannsbund, Herzinfarkte aufgrund der Lektüre sind eher selten.

Nur leider haben sie nicht das, was Geschichten interessant macht. Erfolgreiche Autoren wissen das. Manche benutzen dieses Wissen dafür, Konflikte an den Haaren herbeizuzerren, saugen sich mangels realistischer Konflikte welche aus den Fingern. Leser – und vor allem Literaturkritiker! – rümpfen darüber die Nase. Da spielt einer mit den niedersten Instinkten, schreibt eine reißerische Geschichte. Trotzdem ist es spannend. Natürlich, reißerisch sind die an den Haaren herbeigezogenen Konflikte auch. Aber das ändert nichts daran, dass Geschichten immer auch Geschichten von Konflikten sind.

Von Kriegen („Im Westen nichts Neues"), von Sex, Leidenschaft und Verbrechen („Faust"), von Vater-Sohn Konflikten („Gottes Werk und Teufels Beitrag"). In guten Geschichten folgen diese Konflikte aus den Charakteren, der Autor muss sie nicht künstlich erzwingen. Spannend sind aber beide Versionen, jedenfalls dann, wenn der Autor sein Handwerk versteht.

Und sie sind realistisch. Denn Menschen haben Konflikte, sie müssen Entscheidungen treffen, das gehört zum Leben, zum Mensch-Sein.

Das Ehepaar in unserem Text wirkt ein wenig zu glücklich, zu selbstzufrieden. Nie hat es Probleme gegeben? Der Autor suggeriert es uns jedenfalls. Wir erleben die glänzende Oberfläche zweier Leben. Obendrein wird in der Szene viel zu viel über die (langweilige) Vergangenheit der beiden erzählt, die wir Leser gar nicht wissen müssen.

Die Angst des Autors vor seinem Stoff, vor den Konflikten seiner Personen ist der Vater langweiliger Texte.

Und wie ändert man das?

In dem man tiefer gräbt. Wie war das damals, als der Mann einen Mercedes wollte? Gab es da wirklich keinen Krach? Nein, das soll nicht gleich am Anfang ausgebreitet werden. Aber da könnte man eine kurzen Hinweis einblenden.

Ich freue mich auf den Urlaub und über unser neues Auto. Ich musste gerade daran denken, wie wir uns über den Kauf fast zerstritten hätten!

Wieder einmal hattest du mich davon abgehalten, mach den Sternen zu greifen. Er lachte.

In diesem Falle war es ein Mercedes-Stern gewesen. Aber du hast ja recht wir sollten alles langsam angehen und abwarten, was uns die Zukunft bringt.

Das ist eine langweilige Diskussion. Erinnern sie sich, wie das manchmal bei Ehepaaren abläuft? Es muss ja nicht gleich die Scheidung am Ende der Diskussion stehen.

„Ich muss grade daran denken, wie wir uns über das Auto gestritten haben."

„Gestritten haben wir nicht!"

„Du willst immer zuviel."

Natürlich muss es nicht dieser Konflikt sein. Vielleicht spielt im Laufe der Geschichte etwas ganz anderes eine Rolle? Vielleicht wird das Glück der Ehe zur Langeweile und einer von beiden möchte jetzt auch die Freiheit im privaten Bereich genießen? Oder es kommt etwas hoch, das in der DDR unter den Tisch gekehrt worden war? Aus ihrer Tätigkeit als Juristin, aus seiner im Ministerium? Oder Neider setzen Gerüchte in Umlauf?

Vielleicht kommt es zu einem Unfall, das neue Auto fährt schnell und ihnen fehlt die Erfahrung?

Möglichkeiten gibt es viele.

Ein Autor sollte sie nutzen. Nur eines sollte er nicht: Konflikte und Gefühle ausblenden.

Ich will aber keinen Reißer schreiben, sagen Sie? Ich hasse Kitsch und Kolportage?

Gut gebrüllt, Autor. Ich hasse beides auch.

Aber aus Angst vor Kitsch, Kolportage und Klischee den Konflikten ausweichen?

Die Furcht vor Kitsch und Klischee ist die Mutter langweiliger Texte. Schreiben Sie erst mal Ihre Geschichte. Wenn Ihr innerer Zensor entsetzt aufkreischt, schicken Sie ihn ins Café, dort soll er die Druckfehler in den Zeitungen ankreuzen.

Leben ist immer lebensgefährlich, wusste schon Kästner. Schreiben ist es erst recht. Wer das Risiko scheut, wer aus Furcht vor Kitsch und Klischee um Konflikte herumschreibt, wird immer nur mittelmäßige Texte produzieren. Die werden vielleicht im Kulturteil gelobt, aber keiner will sie lesen. Wozu auch?

Oder es sind Texte, die nach immer gleichem Schema ablaufen, mit Personen, die keine richtigen Konflikte haben, sondern vom Autor behauptete. Personen, die nach Schema F am Reißbrett geplant und mit Konflikten versehen worden sind. Manche Erwachsenenfantasy, mancher Liebesroman kann da als Beispiel dienen.

Wenn das, was Sie geschrieben haben, sich später tatsächlich als Klischee entpuppen sollte, gut, dann ändern Sie es. Der erste Entwurf ist immer Scheiße, wusste schon Hemingway. Doch gerade unter dem Klischee findet man häufig das, was wirklich interessant ist. Dort liegt oft das Gold verborgen. Wenn sie jedes Klischee, jeden Konflikt weiträumig umschreiben, werden Sie das nie finden.

Aber es gibt doch viele Autoren, die ohne reißerische Effekte erzählen? Gerade das Normale, das Alltägliche zu schildern, ist doch Kunst?

Ja, ist es. Leider ist aber auch das alltägliche Leben nicht frei von Konflikten. Wir müssen nicht gleich zu Mord und Totschlag greifen. Aber was wollen wir erzählen? Seit der Hochzeit 1962 hatten sie nie gestritten und wenn sie nicht gestorben sind, leben sie noch heute glücklich und zufrieden? Wer glaubt, dass es literarisch sei, wenn in Texten nichts passiert und reißerisch, Konflikte zu schildern, der irrt und zwar gewaltig.

Natürlich kann man hundertfünfzig Seiten Kleinstadtleben schildern und es passiert nichts besonderes. Stephen King hat das in seinen besten Büchern vorgemacht. Ach ja, ab und zu sieht man, nur nebenbei, da wird etwas unter den Teppich gekehrt. Aber eigentlich passiert nichts. Der Leser aber ahnt, dort hinten, dort, wo grade der Teppich drüber gelegt wurde, dort wird später das Monster herauskriechen.

Raimund Carver und Ernst Hemingway waren Meister

in Alltagsszenen und kurzen Schnappschüssen. Aber keine ihrer Kurzgeschichten kommt ohne Konflikt aus. Auch wenn der oft, wie bei King, nicht direkt angesprochen wird, sondern sich zwischen den Zeilen zeigt, in unscheinbaren Details.

Doch keiner der beiden weicht den Konflikten aus.

Prüfen Sie genau, ob all Ihre Vorsicht, all Ihre Bedenken, Ihre Abneigung gegen „Reißer“ nur dazu dient, den Konflikten und Katastrophen Ihrer Figuren aus dem Weg zu gehen. Das ist einer der häufigsten Anfängerfehler.

Erfolgreich wurde ich erst, als ich richtig böse wurde, sagte die Krimi-Autorin Ingrid Noll.

Geschichten sind erst fertig, wenn sie die schlimmstmögliche Wendung genommen haben, meinte Friedrich Dürrenmatt.

Erstaunlich, wie sich die Großen, gleich, ob sie literarisch schreiben oder „nur“ Unterhaltung, da einig sind.

Sie müssen keine Action an den Haaren herbeiziehen. Aber wenn Scheiße auf der Straße liegt und Ihr Held in die Sterne schaut, statt auf den Weg zu achten, dann lassen Sie ihn richtig in der Scheiße landen. Und schicken Sie nicht eine Viertelstunde, bevor er des Weges vorbeikommt, ein Fahrzeug der Straßenreinigung vorbei.

Nehmen wir doch mal das Fahrtziel Ungarn. Noch klingt das, was die beiden vorhaben und ihre Gedanken dazu nicht sehr aufregend.

Schärfen wir das doch, spitzen wir es zu. Nach der Wende fuhren alle ihre Freunde, ihre Bekannten nach Spanien, Tunesien, dorthin, wohin sie früher nicht fahren durften. Verständlich. Und unser Ehepaar, es fährt, wie bisher auch, nach Ungarn. Da haben wir etwas, was die beiden von den anderen unterscheidet.

Nutzen wir es.

Alle ihre Freunde waren entsetzt. Ungarn? Ungarn war gestern gewesen, Ungarn war Realsozialismus, wer wollte noch nach Ungarn, wenn in Spanien, Griechenland, Tunesien die große Freiheit lockte?

Sie hatte es sich auch überlegt. Hatte sogar Prospekte kommen lassen, die bunten Bilder angeschaut. Irgendwie sahen sie immer gleich aus. Die großen Hotelanlagen erinnerten an Plattenbauten, gut, anders als die Plattenbauten daheim waren sie alle frisch gestrichen. Und überall gab es Bäume und Grün. Aber alles war, zumindest auf den Fotos der Reiseprospekte, so einheitlich, so gleichförmig. Als hätte ein Bruder von Honecker sie geplant …

Jetzt sind wir in der Frau. Warum? Weil sie jetzt Gefühle, Gedanken hat, die sich von denen der anderen unterscheiden.

Aber vielleicht passt das nicht zu der Figur, die dem Autor vor Augen steht?

Ja, sie hatten auch an Spanien gedacht. Ihre Schwester hatte ihr von Porto Ramilles vorgeschwärmt. So sauber, nicht alles grau in grau, nicht nur Salat aus der Dose, im Restaurant hieß es nie: ‚Haben wir nicht'.

Doch ihr wäre es wie Verrat vorgekommen. Jetzt nicht zur Weinlese zu Janos, nicht mehr abends, wenn es kühl wurde, in seinem verwilderten Garten sitzen, Wein trinken, ihm bei der Lese helfen. In schlechten Tagen war er ihnen gut genug gewesen, aber jetzt wollten sie sich nicht mehr in den Ferien mit ihm zeigen? Gemeinsam hatten sie die Prospekte angeschaut, ohne zu reden und plötzlich schauten sie beide auf, sahen sich an und er sagte: „Fahren wir doch wieder zu Janos."

Sie hatte nur genickt. Und Thermalbäder, das wusste sie, die gab es nicht in Spanien.

Jetzt gewinnt die Frau Konturen und die Beziehung auch.

Actor's Studio

Doch wie kommt der Autor zu seinen Konflikten? Wie kann er seine Figuren aufeinander loslassen?

Ich hatte vorher aus gutem Grund Carver und King erwähnt. Ihre Fähigkeiten, alltägliche Szenen zu schildern, zwischen deren Zeilen Personen Gestalt gewinnen, Konflikte auftauchen. Unscheinbar. Aber sie sind da.

Ein Roman ist lang. Am Anfang lernen wir die Personen in ihrem Alltag kennen und ihre unterschiedlichen Drehbücher.

Der Begriff des eigenen Drehbuchs kommt aus dem „Actor's Studio„. Sol Stein schildert das in seinem Buch „Über das Schreiben". Zwei Schauspieler werden auf eine Bühne gerufen. Vorher redet der Übungsleiter kurz mit jedem von ihnen und sagt ihnen, welche Rolle sie spielen sollen. Aber das geschieht so, dass keiner der beiden die Rolle des anderen kennt. Der einen sagt er, sie sei die Mutter eines Jungen, der wegen Kleinigkeiten von der Schule verwiesen worden sei, sie komme jetzt in das Büro des Direktors und müsse diesen Schulverweis rückgängig machen.

Dem anderen sagt er, er sei Direktor einer Schule, habe gerade einen Jungen der Schule verwiesen, der immer wieder auffällig geworden sei, Kleinere verprügelt habe, mehrfach verwarnt worden sei und jetzt würde die Mutter erscheinen, er dürfe aber den Verweis auf keinen Fall zurücknehmen. Binnen kurzem liegen sich beide keifend in den Haaren. Jeder der beiden hat ein anderes Drehbuch und das führt zum Konflikt.

Wie ticken Ihre Figuren? Wo kommt es manchmal zu Reibereien oder wo handeln sie anders als ihre Nachbarn? Oft sind hier alltägliche Konflikte gefragt. Das besondere, das große Ding kommt später. Wenn das Monster wirklich vor der Tür steht. Genährt von den alltäglichen Konflikten, die immer schon da waren.

Der großen Konflikt baut sich darauf auf. Auch in unserem Bespiel mit den Ungarnfahrern erscheint er auf den ersten vier Seiten noch nicht. Vielleicht gibt es später einen Unfall und einer der beiden stirbt oder wird schwer verletzt? Vielleicht kommen plötzlich Schatten aus der Vergangenheit und holen unser Paar ein? Wir werden sehen. Was immer passiert, jetzt kennen wir die Personen. Wir haben unseren Bleistift gespitzt, nicht Harmonie geschrieben, sondern die Figuren hervortreten lassen. Jetzt sind sie uns ans Herz gewachsen, uns ist nicht mehr gleichgültig, was ihnen zustößt. Und wenn beide plötzlich einer außergewöhnlichen Situation gegenüberstehen, wird es die Leser nicht mehr kalt lassen.

Übung I

Nehmen Sie eine Figur aus Ihren Geschichten, möglichst eine, die Sie sehr mögen. Wissen Sie genug über diese Person? Kontrollieren Sie das anhand des Kapitels „Figuren Leben einhauchen“.

Und jetzt überlegen Sie: Was wäre das Peinlichste, das Furchtbarste, das dieser Person zustoßen könnte? Was ist es, was diese am meisten fürchtet?

Dann schreiben Sie eine Szene, in der Ihrer Person genau das passiert. Lassen Sie die Szene sich aus Ihrer Person entwickeln. Wie würde sie reagieren?

Unbeweglich

Petra sah Iris vor dem Eissalon stehen. Sie trug ihre Haare kurz geschnitten und hatte ein hellblaues T-Shirt und eine schwarze Hose an. Petra ging auf Iris zu.

„Hallo, Iris", begrüßte Petra die Freundin und reichte ihr die Hand.

„Guten Tag, Petra." Iris' Händedruck war kaum spürbar.

„Wollen wir uns lieber draußen hinsetzen, oder gehen wir rein?"

„Ich find's draußen schöner." Da kann man so herrlich die Leute beobachten, dachte Petra, während sie nach einem freien Tisch Ausschau hielt. Links in der Ecke sah sie ein Pärchen, das sich gerade erhob. Ohne zu zögern ging sie auf den Tisch zu. Damit kein anderer ihr den Tisch vor der Nase wegschnappen konnte, zog sie sich sofort einen Stuhl zurück. Iris folgte ihr und setzte sich auf den Stuhl gegenüber.

Petra wusste bereits, was sie wollte. Sie reichte Iris die Eiskarte.

Nachdem sich Iris entschieden hatte, legte sie die Eiskarte zur Seite. Eine Kellnerin kam zu ihnen.

„Hallo, was darf's denn sein?", fragte sie freundlich und Petra bemerkte ihren italienischen Akzent. Sie hatte glattes braunes Haar, das ihr ovales Gesicht weich umrahmte. Der schwarze knielange Rock betonte ihre schmale Taille vorteilhaft.

„Ich hätt' gern einen Amarena-Becher", sagte sie.

„Und ich möchte ein Spaghetti-Eis." Iris sah sich jedes Mal die Eiskarte an, so als ob sie sie das erste Mal lesen würde, bestellte aber dann doch immer Spaghetti-Eis. Die Kellnerin entfernte sich und gab an der Theke ihre Bestellung auf.

Petra legte ihre Unterarme locker auf die Armlehnen des Stuhls. Jetzt wollte sie das Büro hinter sich lassen, die dummen Bemerkungen ihrer Kolleginnen vergessen. Sie fragte Iris, ob sie schon in Urlaub gewesen sei. Iris verneinte und erklärte, es sei ihnen dieses Jahr finanziell nicht möglich gewesen sei, in Urlaub zu fahren. Sie begann dann von ihrer Tochter zu erzählen. Marlies hatte die Realschule hinter sich und vor zwei Monaten eine Ausbildung zur Bürokauffrau begonnen. Iris schien stolz darauf zu sein, dass Marlies die ersehnte Lehrstelle bekommen hatte und berichtete nun in allen Einzelheiten darüber. Petra versuchte, die Freundin für ein anderes Thema zu begeistern, verlor aber dann die Lust am Zuhören. Wie immer drehten sich ihre Gespräche nur um alltägliche Belange, die, so schien es Petra, keinen Einblick in Iris' Gefühlsleben zuließen. Petra kannte Iris nun mittlerweile sechs Jahre. Doch noch nie hatte sie es erlebt, dass Iris etwas erzählte, was sie wirklich bewegte.

Als Iris fertig war, entstand eine kleine Pause, in der beide schwiegen, bis die Kellnerin die Eisbecher brachte. Petra zog ihren Eisbecher näher zu sich heran und knabberte an der Waffel, die in der Sahne steckte. Sie beobachtete Iris, deren Blick über die Menschenmenge in der Fußgängerzone schweifte. Petra nahm gerade einen Löffel Eis mit einer Kirsche, als sie unfreiwillig Zeuge eines Gesprächs am Tisch gegenüber wurde.

„Wie geht es Mark, hat er sich inzwischen an den Rollstuhl gewöhnt?", fragte eine warme Frauenstimme.

Petra versuchte wegzuhören und warf einen Blick zu Iris, die ein paar spielenden Kindern in der Fußgängerzone zusah. Doch die Art, wie die Frau sich nach dem Mann erkundigte, der offensichtlich im Rollstuhl saß und Mark hieß, machte sie neugierig. Ihre Stimme verriet mehr als bloßes Interesse. Das Wort Rollstuhl berührte Petra und machte es ihr jetzt unmöglich so zu tun, als ob sie nichts gehört hätte. Sie nahm einen Löffel Nusseis und schielte vorsichtig zum Nachbartisch. Dort sah sie eine kühle Blonde im grauen Leinenanzug und eine Braunhaarige im ärmelfreien Sommerkleid sitzen. Auf dem Tisch standen zwei leere Eisbecher, eine Schachtel Zigaretten und ein silbernes Feuerzeug lagen daneben. Petra vermutete, dass die Braunhaarige sich nach dem Mann erkundigt hatte, der Mark hieß und offensichtlich im Rollstuhl saß.

„Na, ja, was heißt hier an den Rollstuhl gewöhnt? Das ist relativ, du weißt doch selbst, wie Mark vorher war, ein Mann, der weder vom Tennis spielen noch vom Reiten genug bekommen konnte." Petra bemühte sich, nicht noch mal zum Nachbartisch zu schauen, so als könne sie damit verhindern, dass das Gespräch weiter zu ihr drang.

Doch die Braunhaarige fuhr ungehindert fort: „Und von dir

konnte er ja auch nicht genug bekommen."

Die Blonde erwiderte nichts, Petra vermutete, dass sie bei ihrer Begleiterin soviel Taktgefühl voraussetzte, das Thema endlich fallen zu lassen.

Petra war nicht wohl, bei dem was sie da hörte. Unruhig rutschte sie auf ihrem Stuhl hin und her und strich sich ihren Rock glatt. Doch es nutzte nichts, die Braunhaarige schien weder Taktgefühl noch Anstand zu haben.

„Sag mal Lisa, wie ist das eigentlich bei euch, hm, ich meine, nach Marks Unfall?" Petra spürte, wie die Blonde förmlich nach Luft schnappte, sich aber dann doch zu einer Antwort durchrang.

„In der Klinik sagte man mir damals, dass es sehr unwahrscheinlich sei, dass Mark jemals wieder eine normale Sexualfunktion erlangen könne." Ohne das sie den Mann im Rollstuhl kannte, empfand sie Mitgefühl für ihn. Zugleich war sie tief berührt von der Offenheit, mit der die Blonde, die offensichtlich seine Frau war, die Frage beantwortet hatte.

Spannung aus Konflikten entwickeln

Zwei Freundinnen treffen sich im Eiscafé. Ist das spannend? Noch nicht. Noch schimmert auch hier die Angst des Autors vor dem Stoff durch. Könnte es spannend werden? Dazu müsste der Konflikt, das, um was es in der Szene geht, schärfer herausgearbeitet werden. Warum ist also diese Szene nicht spannend?

Zunächst schildert sie sehr viele Einzelheiten, alle gleichgewichtig erzählt. Ob die Kellnerin die Bestellung an der Theke weitergibt oder eine Frau darüber redet, dass ihr Mann plötzlich im Rollstuhl sitzt und impotent ist.

Die Elemente werden nicht gewichtet. Einzelheiten, die eigentlich unwichtig sind, die jeder, der schon mal im Eiscafé war, kennt, die also nicht nötig sind, erschlagen die Szene. Dass die Kellnerin die Bestellung an der Theke aufgibt, ist klar, das tut sie immer. Lassen wir das weg.

Wie sie aussieht, welchen Akzent sie hat, ist unwichtig, auch das würde ich streichen.

Und was ist wichtig? Was ist das Besondere der Szene?

Wichtig ist erstens, dass das Café voll ist. Sie müssen sich ihren Platz erkämpfen. Lässt der Autor das deutlicher werden, folgt daraus nämlich:

1. die Leute sitzen eng gedrängt. Wenn die Blonde so sitzt, dass sie mit Petra praktisch Rücken an Rücken lehnt, kann Petra nicht weghören. Sie bekommt alles mit.

2. Iris und Petra können nicht an einen anderen Tisch fliehen. Sie haben die letzten freien Stühle ergattert. Wenn sie ihr Eis essen wollen, müssen sie bleiben und alles hören, was hinter ihnen gesprochen wird.

Das ist überhaupt das Zentrale der Szene: Eine Frau, eine Blondine, deren Mann jetzt im Rollstuhl sitzt, unterhält sich mit ihrer Freundin. Wer ist die Freundin der Blonden? Gönnen wir den beiden, wie jeder Person im Roman, ein eigenes Drehbuch. Das der Blonden stimmt nicht mit dem ihrer Freundin überein. Da kommt es zu einem Konflikt, dem der Text bisher ausweicht.

Denn die Blonde und Ihre Freundin unterhalten sich so, als würde die Freundin fragen: „Meinst du, morgen wird es regnen?“ Und die Blonde antwortet: „Der Wetterdienst sagte, es sei völlig ausgeschlossen.“ Die beiden reden (noch) ohne jede Emotion.

Dabei ist es ein heikles, ein peinliches Thema. Und die Blonde ist sonst nicht so offenherzig, was ihr Intimleben angeht. Sie stelle ich mir eher wie Iris vor: Sie gibt Persönliches ungern preis.

Was ist mit der Freundin? Sie fragt intime Details. Posaunt sie ihr Liebesleben auch sonst im Café aus, damit es ja alle hören? Das könnte sein. Damit fängt das Gespräch an. Iris erzählt Belangloses, hinter Petra erzählt eine warme Frauenstimme Intimes über ihren neuesten Lover.

Und dann fängt diese an, die Blonde wegen Mark zu löchern. Erst, wie es mit dem Rollstuhl geht. Ja, er tut sich schwer. Verstehe ich, er war ja so aktiv. Auch in der Liebe. Wie geht das denn jetzt? Jetzt redet die Blonde drum herum. Das will sie nicht diskutieren, öffentlich hier im Café schon gar nicht.

Die Freundin gibt nicht nach. Hier prallen zwei Charaktere aufeinander, die ein unterschiedliches Drehbuch haben. Die eine hat keine Hemmungen und giert nach intimen Details, die andere sträubt sich, diese offen zulegen.

„Ich habe gelesen, dass Querschnittsgelähmte nicht mehr können …" Die Blonde weicht aus. Schließlich zieht es ihr die Freundin doch aus der Nase. Und setzt gleich nach: „Und? Wie behilfst du dich jetzt?" Mittlerweile sind die Gespräche rund um den Tisch verstummt. Iris runzelt die Stirn, verdreht die Augen, sagt aber auch nichts mehr.

Wie geht es weiter? Das hängt von der Blonden ab. Ist sie jemand, der weiß, wie man Leute abblockt? Oder gehört sie zu denen, die das nicht können? Sie wird vermutlich erst freundlich indirekt versuchen, das Gespräch in anderes Fahrwasser zu lenken, aber das hilft nichts. „Komm, Schätzchen, du bist doch nicht prüde!" Und irgendwann muss sie entweder Farbe bekennen, mitten in der Öffentlichkeit oder sie muss eindeutig klarstellen: Bis hierher und nicht weiter.

Und dann wäre da Petra und ihre Freundin Iris. Auch diese haben eigene Drehbücher. Wie reagiert Petra auf das Gespräch? Ist es für sie überhaupt von Bedeutung und warum? Aufgrund der Schilderung der Szene dürfte sie nicht besonders gut darin sein, sich durchzusetzen. Persönliche Dinge in der Öffentlichkeit zu diskutieren, ist ihr ein Gräuel. Gleichzeitig langweilt sie aber auch der Smalltalk ihrer Freundin Iris. Bewundert sie die Blonde, die endlich die peinliche Situation beendet hat, sich traut, schlicht und ergreifend zu sagen: Das ist mein Privatleben?

Das wäre eine Möglichkeit, auch Petra ein Drehbuch zu

geben, die Szene zum Leben zu erwecken. In einer Szene kann ein Autor nicht einfach nur die Information an den Leser vermitteln, eine Szene muss eine spannende, eigene Dramaturgie haben, damit der Leser nicht das Buch weglegt.

Und das kann man durch den Trick erreichen, dass man jedem Teilnehmer ein eigenes Drehbuch gibt, das jede der Figuren ihre eigene Rolle hat. Erinnern Sie sich an das Actor's Studio?

Genau das haben wir hier in dieser Szene praktiziert. Die Blonde ist Ehefrau eines Mannes, der seit kurzem im Rollstuhl sitzt. Er ist seitdem impotent. Sie möchte darüber nicht sprechen. Ihre Freundin oder Bekannte dagegen ist neugierig und liebt nichts mehr, als Intimes in der Öffentlichkeit breit zu treten. Jetzt prallen beide aufeinander.

Parallel dazu Petra und Iris, die ungewollt Zuhörer dieses Gesprächs werden. Beide wollen das nicht – aber das vollbesetzte Café sorgt dafür, dass sie es hören müssen.

Jede der Vier hat jetzt ihre eigenen Wünsche und Motive. Und die sind nicht kompatibel, führen zum Konflikt. So lassen sich auch weitere Szenen entwickeln, ein Spannungsbogen herstellen. Nicht dadurch, dass der Autor Konflikte behauptet oder an den Haaren herbeizieht, sondern indem er sie aus den Figuren entwickelt.

Übung II

Nehmen Sie den Dialog der beiden Frauen. Die eine will alles, auch und gerade das Intimste wissen. Die andere will genau das nicht preisgeben. Schreiben Sie diesen Dialog, lassen Sie die beiden aufeinanderprallen. Schonen Sie sie nicht!

Das Geständnis eines vertrauten Fremden

Die Waliser Alpen. Sanfte Hügelketten im schummrigen Dunst der untergehenden Sonne. Ich starre auf das Rot, das immer dunkler wird und schließlich schwarz. {1}Rot war auch das fadendünne Rinnsal von Blut – es hing an deinem rechten Mundwinkel wie hingemalt, als sie mich holten zur ...{2} Identifizierung. Eine Nachlässigkeit, der Faden Blut, und doch gaukelte er Leben vor, wo keines mehr war. Eine unbeabsichtigte Grausamkeit. {3}„Ist das Ihr Mann? Ist das Markus Ludewik?" Der Assistent des Pathologen war jung, höchstens 25, und er war Schwabe, der bemüht war, nicht wie einer zu klingen. Sein rotblondes Haar war ungekämmt, die pausbäckigen Wangen von leichten Aknenarben gezeichnet. Er lächelte ständig und wuselte um mich herum wie ein übereifriger Hund um sein Frauchen. Ich glaube, er befürchtete, ich könnte ohnmächtig werden. Warum erinnere ich mich an den Burschen? Es hat nichts mit ihm selbst zu tun. Ich erinnere mich an alles, was mit diesem Augenblick zusammenhängt – mit dem Moment, wo ich wirklich {4}BEGRIFF, dass du tot warst. Tot. Nein, begriffen hab ich es auch da nicht – nicht wirklich. Ich hab's bis heute nicht {5}WIRKLICH begriffen. Jeden Morgen, wenn ich aufwache, packt die Erkenntnis mich aufs Neue wie ...{6} es lässt sich nicht beschreiben. Es ist gut, Schätzchen, es ist gut – das hat Monika mir ins Ohr geraunt, als ich in ihren Armen zusammengebrochen bin beim Leichenschmaus in unserem ehelichen Heim – Monika hat sich zusammen mit Mama um alles gekümmert. Wir standen in einer dezenten Ecke zwischen Esszimmer und Treppenaufgang. Ich schluchzte haltlos in Monikas Armen. Die Trauer hat dasselbe Maß wie die Liebe{7}. Ist gut, Schätzchen, lass es nur raus. Die Trauer hat dasselbe Maß wie die Liebe{8}.

Autsch! Mein Daumen. Ein Tropfen Blut quillt heraus. Ein Schiefer – ich habe ihn mir am Balkongeländer eingezogen, das ich mit den Händen umkrallt habe. Wie dumm von mir. Ich weiß, dass das Geländer rau ist und ein wenig verwittert. Ein ganz klein wenig vernachlässigt und eben deswegen umso charmanter – genauso wie die Damenwelt es Thomas Helsing nachsagt. Tom, dem diese

Hütte – ach was: dieses Chalet – gehört. Tom gilt als Charmeur. Und wirklich: Er versprüht seinen Charme buchstäblich in jede Richtung – nur die meine, die lässt er für gewöhnlich aus. Dennoch hat er mir sein Chalet angeboten, nein, förmlich aufgedrängt hat er es mir. Und so bin ich gefahren – nein: sogar geflogen. Eigentlich sollte ich mit dem Zug anreisen, nicht mit dem Auto, da waren sich alle einig, die Runde meiner besorgten Freunde und Verwandte. Ans Steuer setzt du dich jetzt auf keinen Fall, das dulde ich nicht, Charlotte! Nicht in deinem Zustand! Nur Mama nennt mich noch Charlotte. Sie hat es nie gemocht, dass Papa Carla zu mir sagte und alle meine Freunde ebenso – dass ich mit Carla unterschreibe.

Es ist nicht zu begreifen

Eine Frau hat ihren Mann verloren und sie muss ihn identifizieren. Ein Schock und jetzt wohnt sie im Chalet eines Freundes.

Was zunächst am Text auffällt: Zweimal wird ein Wort komplett groß geschrieben {4,5: BEGRIFF, WIRKLICH}. Zweimal werden Auslassungspunkte „…“ benutzt {2,6}. Davon rate ich dringend ab. Wenn die Worte selbst den Leser nicht packen, dann können es formale Mittel erst recht nicht. Schreiben Sie Ihr Manuskript mit einer Schrifttype und vergessen Sie all die formalen Mittel, etwas hervorzuheben. Für den Leser wirkt das nur wie ein erhobener Zeigefinger. „Hier, lieber Leser, ist etwas, das ganz wichtig ist. Das darfst du nicht überlesen.“ Ein sicheres Mittel, den Leser aus dem Text zu werfen.

Und genau dadurch zeichnen sich die Stellen aus, die diese formalen Mittel nutzen. Sie stehen dort, wo der Autor sich schwer tut, seine Geschichte zu erzählen, dem Leser die Gefühle der Ich-Erzählerin nahe zu bringen. Dabei gelingt das anfänglich sehr gut, die Szene berührt den Leser, weckt Bilder, behauptet keinen Schock, sondern zeigt ihn uns.

Aber das endet an der Stelle mit den großgeschriebenen Wörtern. Plötzlich sind wir nicht mehr in der Schilderung, in den Bildern.

„Ich erinnere mich an alles, was mit diesem Augenblick zusammenhängt – mit dem Moment, wo ich wirklich BEGRIFF, dass du tot warst. Tot." So weit so gut. Doch dann fährt der Text fort:

„Nein, begriffen hab ich es auch da nicht – nicht wirklich. Ich hab's bis heute nicht WIRKLICH begriffen. Jeden Morgen, wenn ich aufwache, packt die Erkenntnis mich aufs Neue wie … es lässt sich nicht beschreiben." Hier stolpert der Text, wiederholt sich (begriffen – nicht begriffen), verwendet keine Bilder und gibt schließlich auf: es lässt sich nicht beschreiben. Die Großbuchstaben sollen verdeutlichen, was der Text selber nicht mehr deutlich machen kann.

Ohne diese Sätze wäre der Text viel stärker. Denn dass sie dieser Tod trifft, erfahren wir bereits aus dem Vorangegangenen. Sie sind eine Wiederholung, die die starken Bilder am Anfang abschwächen. Deshalb würde ich die drei Sätze ab „Nein, begriffen …" streichen, statt mit Großbuchstaben zu versuchen, Aufmerksamkeit zu erregen.

Wiederholungen

Im Text fällt auch eine weitere Wiederholung auf: „*Die Trauer hat dasselbe Maß wie die Liebe*", dieser Satz findet sich zweimal {7,8}.

Auch wenn Stilratgeber immer vor Wiederholungen warnen: Manchmal sind sie nützlich. Sie können etwas betonen. Richtig verwendet, geben sie dem Text Würze. Sie müssen allerdings vorsichtig und mit Bedacht eingesetzt werden – und vor allem richtig dosiert. Und das, was wiederholt wird, sollte stark genug sein, um die Wiederholung zu rechtfertigen. Der Satz hier scheint mir dieses Kriterium nicht zu erfüllen.

Aber es gibt Abhilfe. Schließlich muss man einen Satz nicht exakt wiederholen. Manchmal ist es besser, das, was wiederholt werden soll, zu variieren. Wie wäre es, den Satz beim zweiten Mal zu variieren?

„*Die Trauer und die Liebe haben dasselbe Maß.*" Oder: „*Der Tod hat dasselbe Maß wie die Liebe.*"

Probieren Sie solche Variationen aus. Spielen Sie mit Ihren Sätzen, stellen sie ein, zwei Worte um, ersetzen Sie eines durch ein neues. Wie wirkt die Wiederholung jetzt? Stärker? Oder schwächer? Fragen Sie Freunde, andere Autoren, deren Urteil Sie vertrauen können. Welche Version klingt besser?

Und denken Sie immer daran: Wiederholungen sind ein starkes, wirkungsvolles Stilmittel. Dosieren Sie es vorsichtig wie scharfen Chili. Sie können damit ihren Text würzen – ihn aber auch ungenießbar machen.

Der richtige Anfang

Zurück zu der Geschichte. Sie beginnt mit einer Rückblende aus den Walliser Alpen an dem Moment der Identifizierung. Im Gegensatz zu den Rückblenden in den vorherigen Kapiteln ist diese aber sehr stark, weil sie eine emotional berührende Szene schildert und weil die Autorin in ihre Figur hineingeht und damit Bilder weckt. Wir werden nicht mit allgemeinen, nichtssagenden Sätzen abgespeist wie: „Diesen furchtbaren Anblick würde sie nie vergessen", sondern das Rinnsal Blut, der junge Arzt mit Pickelnarben, all das sind konkrete, spezifische Bilder, die uns berühren. Damit weckt der Text die Assoziation „Trauer". Ein Autor muss Gefühle nicht benennen – das führt oft dazu, dass diese unglaubwürdig werden. Ein Detail, in der Erzählung hervorgehoben, sagt dem Leser viel deutlicher, wie es um die Erzählerin bestellt ist.

Aber ist dieser Aufbau über die Rückblende nötig?

Könnte die Geschichte nicht auch direkt in der Szene (Identifizierung) beginnen?

„Rot war das fadendünne Rinnsal von Blut“, würde sich anbieten. Vielleicht ein wenig überarbeitet:

Ich starrte auf das fadendünne Rinnsal von Blut. Es hing an deinem rechten Mundwinkel wie hingemalt.

Eine andere Möglichkeit wäre es, mit der Frage zu beginnen: *„Ist das Ihr Mann? Ist das Markus Ludewig?“*

Was wäre der Unterschied? Die erste Möglichkeit bliebe in dem Rahmen, die der bisherige Text vorgibt. Die zweite ähnelt mehr einem Paukenschlag, springt direkt zum Höhepunkt der Szene. Damit vermittelt sie viel mehr Dramatik.

Das fesselt den Leser vielleicht mehr – aber weckt auch Erwartungen. Bei einem Krimi, einer Geschichte, die stärker handlungsorientiert ist, wäre das besser.

Bei einer, die ruhiger erzählt werden soll, würden aber falsche Erwartungen geweckt. Da wäre der erste, ruhigere Anfang besser. Dort stünde die Trauer, der Verlust im Mittelpunkt.

Und wie wirkt die jetzige Version, dieser Rückblick aus dem Sonnenuntergang der Walliser Alpen? Hier wird Distanz hergestellt. Normalerweise nicht das, was eine Geschichte besser macht, aber hier hat es eine Funktion. Die Szene ist so furchtbar, dass jeder Leser versteht, dass die Ich-Erzählerin Distanz halten möchte, dass es ihr zu viel wird, direkt die Szene zu schildern, dass sie nur aus der Entfernung diese Erinnerung ertragen kann. Wenn dieser Effekt beabsichtigt ist, wenn er zur Geschichte passt, kann das sehr wirkungsvoll sein.

Hier wären also drei Anfänge möglich. Welchen Anfang Sie wählen hängt eben immer auch davon ab, welche Geschichte Sie erzählen wollen, in welchem Rhythmus, mit welcher Erzählstimme.

Um also zu entscheiden, welcher am besten ist, muss man die ganze Geschichte kennen. Und wissen, was die Autorin erzählen will. Nicht für alles gibt es nur eine richtige Lösung, schon gar nicht beim Erzählen.

Übung

Nehmen Sie sich einen Ihrer Texte vor. Sie wissen nicht, welchen? Greifen Sie einfach blind zu.

Sehen Sie sich den Anfang an. Könnte die Geschichte mit einem anderen Satz, einem anderen Ereignis beginnen? Wählen Sie drei weitere, mögliche Anfänge aus.

Dann notieren Sie für jeden der drei: Was müsste geändert werden, wenn ich diesen neuen Anfang wählen würde?

Würde die Geschichte dann anders klingen? Was wären die Vorteile jedes dieser Anfänge? Was die Nachteile?

2050

Schon seit Stunden stand Trull im Novemberregen einer Berliner Einkaufsstraße, als sich sein Kommunikator meldete. Mit der weniger geschickten linken Hand (die rechte hatte genug damit zu tun, das vom Wind gerüttelte Nudel-Plakat zu halten) nestelte er den Apparat aus der Hosentasche hervor. Der Informator teilte ihm mit, dass eine Nachricht der Kategorie Rot eingegangen sei, Absender die Oriental Oil. Rot war die zweithöchste Alarmstufe, sinnierte er. Was war geschehen und was hatte die Oriental Oil mit ihm zu schaffen? Er wusste, sie war eine der sechs die Welt beherrschenden Konglomerate, neben der russischen GUM, der China People Trust, der MEXAM, der Micropower und seiner Europa AG. Was hieß hier überhaupt seiner! Nie wusste er, wie er sie bezeichnen sollte. War sie nun sein Arbeitgeber, sein Gläubiger oder sein Guter Freund, wie sie sich selbst gern nannte? Alles traf mehr oder weniger zu.

Es war kurz vor drei und die Hälfte der Probierpackungen noch nicht an den Mann gebracht. Was für ein dummer Einfall der Zentrale, ihn ausgerechnet hierher zu stellen. In einem der überdachten Konsumtempel wäre das Werben angenehmer. Aber man hatte argumentiert, dass dort die Konkurrenz zu groß sei. Hier dagegen fehlte es an Passanten. Nur selten konnte er seinen Slogan rufen: Ohne Dicke Nudeln von Kathrein kann kein Mittagessen sein! Anfangs war er von den belustigten Blicken der so Angesprochenen peinlich berührt gewesen, aber nach jahrelanger Praxis hatte er sich daran gewöhnt.

Er hätte sich das Schreiben natürlich auf seinen Kommunikator schicken lassen können. Doch das kostete Punkte. Ob man ihn beobachtete, wenn er sich vor der Zeit von hier verdrückte? Automatisch suchten seine Augen nach Anzeichen von Kameras. Aber Kameras, die zum Sehen benutzt wurden, konnte man nicht sehen. Er hatte Angst.

Ihn beschlich eine Ahnung: Hatte ihm nicht kürzlich erst ein Kollege erzählt, dass er von der Oriental Oil angeschrieben worden sei? Wenn die an Trull gerichtete Nachricht gleichen Inhalts war, dann stand er hier ohnehin auf verlorenem Posten. Als eine starke Windbö ihm auch noch das Plakat zerfetzte, packte er kurz entschlossen seine Sachen zusammen und machte sich auf den Nachhauseweg.

Nach Atem ringend erreichte er die Wohnungstür. Da der Lift außer Betrieb war, hatte er die zwei Treppen zu Fuß erklimmen müssen. Er gab im Stillen seinem Arzt recht, der ihm geraten hatte, sich mehr zu bewegen. Bei seinem letzten Besuch hatte dieser ihm die Konstitution eines Sechzigjährigen bescheinigt; dabei war er erst fünfunddreißig! Aber Bewegung bedeutete einen höheren Energieverbrauch, was eine verstärkte Zufuhr von Nahrungsmitteln nach sich zog. Und die kosteten Punkte. Punkte, die er dringend für seine Besserungsscheine benötigte. Er hatte sich ausgerechnet, dass er mit der jetzigen Sparquote zweihundertzwanzig Jahre alt werden müsste, um frei zu werden – das Doppelte der durchschnittlichen Lebenserwartung seiner Generation. Aber der Ulstrigator hatte argumentiert, dass er ohne die Besserungsscheine gleich gar keine Chance habe, jemals etwas an seinem Status zu ändern.

Nachdem er seine Wohnung betreten hatte, legte er den Energieschalter um. Wie immer erklang die vertraute Stimme: Rosa Strom von Europower – Watt will man mehr.

Er verstaute die Probierpackungen von Kathreins Dicken Nudeln unter dem Bett. Woanders war kein Platz in seinem Euroapartment, Minimalausführung Typ S. Trull legte Wert darauf, dass das S in der Bezeichnung nicht, wie oft irrtümlich angenommen, für Sieger stand, sondern für Single. Natürlich konnte er nicht abstreiten, dass auf ihn bezogen auch die andere Variante ihre Berechtigung hatte.

Die Bezeichnung Sieger, als Gegenstück zu Freier, gefiel ihm nicht so richtig. Man konnte frei sein, aber doch nicht sieg! Der Ulstrigator war auch hier um eine Erklärung nicht verlegen. Trull solle nicht versuchen, einen solch komplexen gesellschaftlichen Zusammenhang in die triviale Form der Sprache pressen zu wollen. Sicherlich sei rein terminologisch unfrei das Gegenteil von frei, doch würde dieser Begriff zu sehr an längst überkommene Zeiten erinnern. Nein, heute, in der Mitte des einundzwanzigsten Jahrhun-

derts, müsse das soziale Leben auch begrifflich neu geordnet werden. Da sei Sieger doch eine wegweisende, ja revolutionäre Bezeichnung. Übrigens würde es nicht mehr lange dauern, bis auch die Freien diesen Namen trügen, und dann könne er doch stolz sein, zu den Männern der ersten Stunde gehört zu haben.

Trull hatte daraufhin geschwiegen. Ihm war schon der Widerspruch aufgefallen. Einerseits sollte er nach Besserungsscheinen streben, um endlich frei zu werden, andererseits wollte man ihm schmackhaft machen, ein Sieger zu sein. Paradox! Aber Widersprüche trieben eben die Entwicklung voran.

Er musste das Schreiben der Oriental Oil mehrmals durchlesen, bis er seinen Inhalt verstand. Nicht, dass er Mühe mit dem Text gehabt hätte. Nein – die Botschaft war so ungeheuerlich, dass sie ihre Zeit brauchte, ins Bewusstsein vorzudringen. Seine schlimmsten Ahnungen wurden übertroffen. Man teilte ihm kurzerhand mit, dass er nicht länger zur Europa AG gehörte. Sie hatte ihn verkauft. Sein neuer Arbeitgeber, die OO, bestellte ihn für den nächsten Montag ein. Kein Wort darüber, ob er einverstanden war mit der Entscheidung, nicht der geringste Versuch einer Erklärung.

Plausibilität und Recherche

Die Welt der Zukunft, nicht beherrscht vom großen Bruder 1984, sondern vom guten Freund 2050. Sechs Multis beherrschen die Welt. Der große neoliberale Traum, wie sieht er aus?

Eine spannende Vorstellung. Menschen haben Arbeitskontrakte wie heute auch, aber anders als heute können diese verkauft werden wie Aktien, wie Optionen. Die Firma nicht als großer Bruder, der alles weiß, sondern als guter Freund. Und ein Ulstrigator als Lebensberater, als Psychotherapeut sozusagen, der einen mit Rat und Tat begleitet.

So weit so gut, soweit ist diese Welt stimmig. Aber stimmen auch die anderen Details?

Offenbar wird 2050 weiterhin Werbung getrieben, denn

die Werber treten sich in den Konsumtempeln auf die Füße, unser Held wird vom großen Freund deshalb in abgelegenere Gefilde dirigiert, wo er Mühe hat, seine Probierpackungen an den Mann oder die Frau zu bringen. Und Lebensmittel sind nicht knapp, sonst würde er die Nudeln nicht als Probierpackungen verteilen, die Europa AG hat es nötig, neue Kunden zu gewinnen.

Andererseits muss er sparen, kann sich Lebensmittel nur in minimalen Mengen leisten. Ein Widerspruch? Ganz sicher. Es ist nicht der einzige.

„Guter Freund", das ist eine gelungene Bezeichnung, so könnte sich ein Multi selbst benennen. Aber die anderen Bezeichnungen und Sprüche? „*Ohne Dicke Nudeln von Kathrein kann kein Mittagessen sein*", das klingt nicht nach Multi 2050, das klingt nach Werbung fünfziger Jahre, entworfen von einer drittklassigen Nudelfabrik. Wenn schon Multi, dann richtig, dann müssen die Sprüche sitzen. Auch „Sieger" als Gegensatz zu „Freier" klingt so überzeugend wie die SED-Parolen zu ihren Parteitagen. Wir leben aber nicht 1984 in einem realsozialistischem System, sondern 2050 in einem der Multis. Hier fehlt der Hintergrund; die Vorstellung der schönen, neuen Welt der Multis hat Brüche, wirkt nicht mehr glaubwürdig.

Wie könnte so ein „guter Freund" die Bezeichnung „S" deuten? Als „Schafferer"? Klingt auch nicht so toll, aber besser. „Sieger" ist zu offensichtlich Unsinn, birgt auch nichts, nach dem sich zu streben lohnt – ein Sieger hat bereits Erfolg gehabt, muss nichts mehr anstreben. Aber der Begriff soll ja gerade den S-Leuten Ansporn geben und natürlich die Freien herabsetzen (wir S-ler sind etwas besseres). Vielleicht interpretiert der Ulstrigator „F" abfällig als „Faulpelz"?

Nein, „Schafferer", „Faulpelz" ist als Interpretation auch noch nicht ideal, aber zeigt, wie wichtig es ist, sich genauestens den Hintergrund vorzustellen, in der unsere Geschichte spielt. Kurz, wir müssen recherchieren.

Historische Hintergründe kann man recherchieren, Bibliotheken durchwühlen, Fachbücher studieren, aber die Zukunft? Wie kann man dort recherchieren?

Man kann. Nur muss die Recherche im Kopf ablaufen. Wie könnte eine Gesellschaft der Multis aussehen? Multis kennen wir, jeder weiß, was Microsoft ist. Wie diese werben, mit welchen Sprüchen sie die Menschen beeinflussen („BILD kämpft für Sie"), all das ist bekannt.

Also nehmen wir das als Grundlage.

Aber bleiben wir nicht dabei stehen. Vor allem reicht es nicht, die gängigen Klischees über „Globalisierung" oder „Multi" als Ersatz für Recherche heranzuziehen, sowenig es reicht, die Mittelstufenvorstellung über das Römisches Reich als Basis für einen historischen Roman zu verwenden. Eine Geschichte braucht eine Gesellschaft, in der sie spielt und diese Gesellschaft muss der Autor sehr genau kennen. „Schreib über das, was du kennst", sagte der Nobelpreisträger Hemingway. Und wenn Sie die Gesellschaft ihrer Geschichte nicht kennen, müssen Sie sie kennen lernen. Nur dann werden sie glaubhaft.

Orwell kannte den Stalinismus, er entwickelte daraus seine düstere Zukunftsvision „1984" mit dem allgegenwärtigen Staat und der Überwachung aller Bürger. Er hat ihn im spanischen Bürgerkrieg hautnah erlebt („Mein Katalonien").

Kennen Sie die Multis? Ich meine wirklich, nicht die Schlagzeilen in den Nachrichten, egal, ob von FAZ oder BILD. Wenn Sie „2050" schreiben wollen, müssen Sie sie kennen. Und das zur Basis ihre Zukunftsvision machen.

Wie stehen 2050 die sechs großen Multis zueinander? Konkurrieren sie noch oder haben sie sich abgesprochen, ist alles nur noch Kulisse und die Welt längst aufgeteilt? Warum sind sie national organisiert, wie in diesem Text? Schon heute agieren Multis über alle nationalen Grenzen hinweg, sind Global Players. Sie nennen sich nicht Oriental Oil, sondern Shell, nicht China People Trust, sondern

Toyota, nicht Europa AG, sondern Daimler. Vieles davon ist Fassade, wer dahinter schaut, sieht, dass Microsoft immer noch amerikanisch ist, Daimler deutsch und Shell niederländisch.

Und wie wird das in Zukunft aussehen? In Ihrer Geschichte?

Ich weiß, ich stelle weit mehr Fragen, als ein Autor beantworten kann. Macht nichts, Fragen sind der Brennstoff, der Geschichten in Gang setzt. Was wäre, wenn …?

Und Fragen sollten Sie sich stellen, noch besser: Lassen Sie sich Fragen stellen. Andere Autoren eignen sich dafür, aber auch kritische Leser, überhaupt jeder, der ihr Projekt nicht kennt. Wichtige Voraussetzungen: Eine solche Fragerunde sollte nur Fragen stellen. „Gibt es in deiner Gesellschaft genug zu essen?“, „Wer macht die Gesetze?“, „Werden diese strikt eingehalten, oder ist es eher ein Laissez-faire?“, „Wieso sind die Menschen überhaupt motiviert, Punkte zu sammeln und auf Besserungsscheine zu sparen, wenn sie dennoch bestenfalls nach zweihundert Jahren frei kommen, also nicht mehr zu Lebzeiten?“ Aber sie sollte dem Autor keine Antworten liefern („Multis 2050 müssen wie folgt beschaffen sein …“).

Die meisten Fragen werden Sie am Anfang nicht beantworten können. Macht nichts. Das ist Aufgabe der Recherche. Nach einer solchen Fragestunde wissen Sie, wonach Sie forschen müssen. Sei es in Bibliotheken im Falle historischer Romane oder in der eigenen Phantasie im Falle einer Zukunftsvision. Aber recherchieren müssen Sie. Ein Haus ohne feste Fundamente wackelt. Wenn der Autor versucht, seine mangelnde Kenntnis mit Behauptungen zu vertuschen, merkt der Leser das und ist verstimmt.

Zurück zu unserem Text „2050“. Dort merkt man es eben auch. Wie wenig der Autor (noch) über seine Geschichte weiß, zeigt sich auch daran, dass er uns mit Ausnahme des Anfangs keine Szenen erzählt, uns nichts zeigt, sondern behauptet. Wir erfahren nicht nur, dass er beim Treppensteigen außer Atem gerät, sondern auch, dass der Arzt ihm Bewegung verordnet hat, dass das aber mehr Nahrung und damit Punkteabzug bedeutet, was er sich nicht leisten kann, weil er dann keine Besserungsscheine mehr bekommt, was ihm aber auch nichts nützen würde, weil er erst nach zweihundertzwanzig Jahren frei kommen würde. Das alles in einem Absatz, ohne jede Szene, ohne anschaulich zu erzählen. Und das ist nur eine von vielen Stellen.

Zeigen, nicht behaupten ist eine der wichtigsten Regeln beim Schreiben. Dazu ist es notwendig, etwas zeigen zu können. Um anschaulich schreiben zu können, müssen Sie genau wissen, was die Gesellschaft, in der Sie etwas zeigen wollen, im Innersten zusammenhält.

Und wer sich jetzt die Hände reibt und sagt: „Nur gut, dass ich keine Science Fiction schreibe", den muss ich enttäuschen. Was ich hier über Plausibilität und Recherche gesagt habe, gilt für jeden Roman. Die Welt, in der Ihre Geschichte spielt, muss stimmig sein und Sie müssen Sie kennen. Egal, ob es die der Multis 2050 oder die einer Kriminalkommissarin 2007 in Buxtehude ist.

Übung

Welche Aufgabe hat ein Ulstrigator? Was tut er, was darf er, was darf er nicht? Recherchieren Sie im Kopf einen Ulstrigator wie er im Text auftaucht. Nein, er muss nicht alle Eigenschaften haben, die im Text erwähnt werden.

Dann nehmen Sie sich einen der Sätze aus „2050" über den Ulstrigator und verwandeln ihn von einer Behauptung in einen Dialog, in der Sie zeigen, wie der Ulstrigator argumentiert.

Der Bruder

Das Blut stand Zentimeter hoch in dem rot angestrichenen Holzbottich. Fettbrocken schwammen auf der rostroten Brühe, Ketten hingen heraus. Wie das Gestell einer Schaukel stand das Gerüst da, mit den sechs Spitzen nach oben. Daneben Blut im Gras. Eingeweide lagen aufgeschlitzt in den Eimern. Die Gitterbox hinter dem Traktor war leer, die Tür schwang leicht im Wind.

Auf dem Tisch lagen sechs geteilte Schweine, ohne Füße, mit hirnlosen, halbierten Schädeln.

Es war Sonntag Mittag und das Fleisch wartete gesalzen, mit weißen Tischdecken abgedeckt darauf, beim Bäcker in den riesigen Öfen gebraten zu werden.

Kein Mensch war hier. Nur Anna saß da und ließ die letzten vierundzwanzig Stunden Revue passieren. Vorher war noch alles normal, Alltagstrott.

Ihr Sohn hatte mit einem Freund im Garten in einem Zelt geschlafen.

Die Nacht war unruhig. Es blitzte und donnerte und der Regen prasselte gegen alles, was er finden konnte.

Der Reisverschluss des Schlafsackes klemmte, die Kinder froren und hatten eigentlich keine Lust mehr. Aber als Vierzehnjährige biss man die Zähne zusammen und hielt durch, in der Hoffnung, das die Erwachsenen vielleicht doch noch einmal nach den Sprösslingen schauten, auch wenn es drei Uhr morgens war.

Natürlich hörten auch sie das Unwetter und natürlich schauten sie nach der Jugend. Mit ein paar Decken, heißem Kakao und ein paar guten Worten war es dann auch gut und alle konnten weiter schlafen.

Es regnete auch am Morgen. Anna und ihr Mann standen auf, tranken Kaffe und steckten das Telefon aus, um im Internet nach Jugendzimmer zu schauen. Damit waren sie telefonisch nicht erreichbar.

Plötzlich tauchte der Junior auf und sagte, das ihn der Onkel aus Kroatien angerufen hätte, mit der Bitte, sie sollten doch sofort dort anrufen.

Das Gespräch dauerte keine Minute.

„Hallo, hier ist Mirko."

„Was?"

„Oh nein!"

„Ja, danke."

Dann war kein Halten mehr.

Unfähig zu sprechen schnappte er nach Luft, wurde kreidebleich und fing an zu zittern. Die Hände abwechselnd gefaltet, dann wieder zum Himmel gestreckt.

„Nein, nein, nein", rief er immer wieder in einem unmenschlichen Kreischen.

Sie versuchte ihn zu beruhigen, aber es war zwecklos. Er musste seinen Schmerz hinausbrüllen.

Ziellos wankte er weinend durch das Haus, sich immer wieder nach vorne beugend, dann wieder aufrichtend.

Ihr war nicht klar, was los war, aber es musste etwas Schreckliches passiert sein. Klar war ihr nur, was sie zu tun hatte. Sie beide waren fünfzehn Jahre verheiratet.

Sie fuhr los, plünderte ihre Konten und Sparbücher, kaufte das Nötigste ein, tankte das Auto voll, prüfte Ölstand und Reifendruck und fuhr wieder nach Hause.

Dort war er schon am packen, immer noch leise weinend.

Eine Stunde später saßen sie im Auto unterwegs nach Kroatien. Fast die ganze Fahrt über sprach ihr Mann kein Wort, weinte manchmal nur leise.

Als sie ankamen, war es vier Uhr morgens.

Glaubwürdig schreiben

Schweine werden geschlachtet, eine anschauliche Schilderung, wie es hinterher aussieht. Und dann wechselt die Szene: Rückblende, ein Anruf, eine schreckliche Nachricht, schneller Aufbruch und wir sind in Kroatien.

Was Schreckliches passiert war, wissen wir nicht. Auch die Heldin der Geschichte weiß es nicht. Sie plündert ihre Sparbücher und fährt mit Mann und Kind nach Kroatien.

Warum, weiß sie nicht.

Ist das glaubhaft?

Eher nicht. Auch wenn sie ihren Mann fünfzehn Jahre kennt, ihn liebt und alles für ihn tun würde: Würde sie nicht wenigstens fragen, was los ist? Würde der Mann nicht zumindest sagen: Wir müssen zu meinem Bruder nach Kroatien? Und warum die Sparbücher plündern? Der Mann verlangt es nicht, es ist keine Rede davon, dass man Geld braucht.

Eine Geschichte muss den Leser überzeugen. Er muss in die Welt eintauchen und das glauben, was der Autor ihm erzählt, obwohl er natürlich weiß, dass es eine erfundene Geschichte ist. Die Personen müssen nachvollziehbar handeln. Ihre Handlungen können merkwürdig sein, wir müssen nicht gleich alles wissen, es ist sogar gut, wenn manches erst später klar wird. So entsteht Spannung. Im realen Leben erfahren wir auch nicht alles, können oder wollen über bestimmte Dinge nicht sprechen.

Hier sind wir in der Perspektive der Ehefrau. Wir blicken durch ihre Augen, denken ihre Gedanken, wissen, was sie weiß.

Sie weiß nichts. Gut, der Anruf hat den Mann erschüttert. Das ist nachvollziehbar. Nicht nachvollziehbar ist, dass die Frau nicht wenigstens fragt. Zumal sich daraus ein spannender Dialog entwickeln könnte. Sie will etwas wissen, er will oder kann ihr nichts sagen.

„Was ist passiert?“

Er schüttelte nur den Kopf.

„Sag doch etwas!“

„Was denn?“

Sie nahm das Telefon, wollte die Nummer in Kroatien wählen.

Er riss ihr das Telefon aus der Hand, schleuderte es gegen die Wand. „Du willst immer reden. Reden, nichts als Reden!“

Sie setzte sich hin. Fünfzehn Jahre verheiratet, ja, er war manchmal merkwürdig. Anders als deutsche Männer, doch auch die redeten oft wenig. Aber sie liebte ihn doch! Und im Laufe der Jahre hatten sie sich aufeinander eingestellt.

„Ich fahre runter", sagte er.

Sie schaute ihn an. „Ich packe."

„Nein!"

Besser? Zumindest glaubhafter. Vielleicht will der Autor ja eine ganz andere Szene schreiben, vielleicht gehen die beiden ganz anders miteinander um. Ich kenne die beiden Personen nur aus diesem Text und der beschreibt sie nicht. Aber irgendetwas müssen sie tun, sagen, irgendwie müssen sie kommunizieren oder sich auf ihre eigene Art anschweigen.

Wenn eine Geschichte aus der Perspektive einer Person erzählt wird, darf der Autor nicht verschweigen, was diese Person weiß. Wer glaubt, damit könne man Spannung erzeugen, irrt. Damit vergrault man Leser.

Das ist das Hauptproblem bei diesem Text. Nicht, dass der Mann nicht sagt, was passiert ist – sondern dass wir sein Schweigen nicht erleben, nicht nachvollziehen können und dass die Motive und Gedanken der Frau nicht angedeutet werden.

So wird Potenzial verschenkt, das durchaus vorhanden ist. Kroatien, da denken wir an Krieg, an Vertreibung. Dass Menschen nicht darüber reden können, ist nachvollziehbar. Dass Menschen in extremen Situationen verstummen auch.

Spannung entsteht dadurch, dass der Leser nicht alles weiß. Aber was wir ihm als Autor verraten und was nicht, muss stimmig sein.

Der Hook

Noch etwas anderes fällt auf. Erinnern Sie sich an die Bemerkungen über Flashbacks direkt nach den ersten ein, zwei Absätzen?

So einen Fall haben wir hier wieder. Erst die Szene mit den geschlachteten Schweinen. Dann: „Anna ließ die letzten vierundzwanzig Stunden Revue passieren."

Lassen Sie nie Ihre Figuren „Revue passieren", „sich an die letzten vierundzwanzig Stunden erinnern". Das ist eine elektrische Leitung, die auf Putz liegt, statt darunter. Der Leser merkt, hier hebt der Autor den Zeigefinger. Lieber Leser, jetzt sage ich dir, was vorher passiert ist. Dabei befinden wir uns in Annas Perspektive, können ihre Gedanken verfolgen. Haben Sie schon mal gedacht: „Jetzt lasse ich den letzten Tag Revue passieren"? Ich jedenfalls nicht.

Sie denken vielleicht: „Vor vierundzwanzig Stunden saßen wir noch bei heißem Kakao in der Küche und ahnten nichts." Oder: „Gestern waren frierende Kinder noch mein größtes Problem."

Wenn Sie also in eine Rückblende überleiten wollen, benutzen sie solche oder ähnliche Überleitungen. Nicht die Holzhammermethode.

Gehört dieser Flashback hier überhaupt an den Anfang? Ich meine, nein. Ja, ich weiß, das Bild der geschlachteten Schweine ist stark, fesselt den Leser. Aber auch der Anruf und die folgenden Ereignisse können stark werden, wenn das überarbeitet wird. Warum nicht direkt mit einer starken Szene beginnen, mit dem geheimnisvollen Anruf und dem, was sich daraus entwickelt?

Ich glaube, ich kenne den Grund. Schreibratgeber empfehlen oft, mit einem „Hook" (Angelhaken) einen Roman zu beginnen, um den Leser in den Text zu locken, sein Interesse zu wecken, dass er das Buch nicht mehr weglegen kann. Wie viele Ratschläge ist dieser richtig, aber führt, falsch verstanden, leider in die Irre.

Ja, beginnen Sie Ihr Buch mit einem Paukenschlag. Nichts dagegen. Legen Sie einen Köder aus, dem der Leser nicht widerstehen kann. Nein, verlassen Sie diesen

Köder nicht gleich wieder. Wenn Sie direkt danach in die Rückblende wechseln, etwas ganz anderes erzählen, lassen Sie nämlich die Leine los.

Starten Sie mit einer spannenden Szene und mit einem Satz, der direkt in die Szene führt. Damit der Leser wissen will: Wow, was kommt jetzt? Aber dann müssen sie die Leine auch langsam anziehen, müssen Stück für Stück etwas mehr verraten. Nicht plötzlich eine andere Angel (Rückblende) auswerfen. Zwei spannende Szenen sind nicht besser als eine. Bleiben Sie bei der Szene, mit der Sie den Leser gepackt haben. Nutzen Sie deren Potenzial.

Möglicherweise können Sie dann, wenn Ihnen das gelungen ist, in eine andere Szene wechseln. Vielleicht sogar kurz vor dem Höhepunkt der ersten Szene einen Cliffhanger benutzen.

Vielleicht sogar eine Rückblende. Vorsicht: Überlegen Sie immer gut, ob Sie die wirklich brauchen, oder sie nur benutzen, weil es bequemer ist.

Übung

Fred richtete die Pistole auf den Mann. Er drückte ab.

Gestern hatte er die Pistole gekauft, im Hafenviertel, in einer Kaschemme, alles sah aus, wie in einem schlechten Krimi, der Verkäufer mit gebrochener Nase und einem Bullterrier, der ihm die Hose vollsabberte.

Schreiben Sie die obige Szene neu, ohne Rückblende. Denken Sie daran, möglichst anschaulich zu schreiben.

Dann schreiben Sie eine zweite Fassung mit Rückblende. Auch diese sollte anschaulich sein. Beachten Sie vor allem die Formulierung „wie in einem schlechten Krimi“ und den Waffenverkäufer mit gebrochener Nase. Beides sind Klischees, nicht anschaulich. Sie können das besser! Also los!

Fertig? Jetzt legen Sie beide nebeneinander. Welche Ihrer beiden Versionen ist besser? Warum? Gibt es einzelne Stellen, die in der einen Fassung besser sind und andere in der anderen? Warum? Begründen Sie Ihre Meinung ausführlich, möglichst schriftlich.

Thomas und Online in der verbotenen Zone

Thomas hielt sich verbissen an seinem Lenkrad fest, riss es nach rechts, dann nach links und dann noch einmal nach rechts, um mit seinem viel zu schnellen Rennwagen der steinernen Mauer am Rande der Rennstrecke auszuweichen. Die Räder quietschten und spitze Steine flogen wie Geschosse durch die Luft, als er direkt auf die vor ihm liegende, unheilverkündende Mauer zuschlitterte. Sein Puls raste, als er in die nächste rechte Kurve hineinfuhr, und ganz automatisch verlagerte Thomas sein Gewicht zur Seite. Die Mauer zog nur wenige Zentimeter und mit Höllentempo links an seinem Kopf vorbei. Angespannt blickte er nach vorne und musste sich mit jeder Faser seines Körpers darauf konzentrieren, nicht die Kontrolle über seinen Wagen zu verlieren. Doch als er das nächste gerade Straßenstück auf sich zukommen sah, stieg er wieder voll auf das Gaspedal und hinterließ eine Wolke aus Abgasen und aufgewirbelten Staubpartikeln.

„Noch mal Schwein gehabt", stieß er erleichtert aus und fuhr trotzdem wieder viel zu schnell mit seinem 300 PS starken, roten Rennwagen auf die nächste Kurve zu. Der Adrenalinspiegel stieg im gleichen rasanten Tempo wie der Geschwindigkeitsanzeiger seines Rennwagens. Eindeutig viel zu schnell für einen Zehnjährigen!

Aber was sollte er machen?

Er konnte sich gar nicht dagegen wehren! Das Rennfieber hatte ihn voll erwischt.

„Thomas! Sitzt du noch immer vor dem Computer? Jetzt aber ab ins Bett mit dir!", hörte er die bereits ärgerlich gewordene Stimme seiner Mutter aus der im Erdgeschoss liegenden Küche zu ihm herauf in sein Zimmer dringen. Nur so ganz nebenbei, und wie aus weiter Ferne, nahm er die Worte seiner Mutter überhaupt wahr.

Oder bildete er sich nur ein, dass sie nach ihm gerufen hatte?

Aber ganz egal, wie es auch tatsächlich war, er hatte jetzt ohnedies keine Zeit, sich damit auseinander zu setzen, was er vielleicht gehört hatte und was nicht. Schließlich war er gerade dabei, ein Rennen zu gewinnen.

Noch einmal ließ er den Wagen mit voller Wucht in die nächste

Kurve hineinschlittern und der Motor seines wie durch ein Wunder noch immer heilen Rennwagens heulte erbärmlich auf wie ein verletzter Wolf. Bis jetzt hatte sein Wagen bei seinen riskanten Manövern noch keine einzige Delle abbekommen! Es schien, als ob er tatsächlich unverwüstlich wäre. Ein richtiges Programmierwunder, also!

Mit seinen vom stundenlangen Fahren bereits steif gewordenen Füßen trat er noch einmal ganz fest auf die Pedale, die unter ihm auf einem Holzschemel, damit auch seine kurzen Beine sie erreichen konnten, montiert waren. Er gab erneut Gas und steuerte auf das nächste Hindernis zu, dicht gefolgt von seinem Konkurrenten, der ihm wie immer ganz dicht im Nacken saß. Da er aber viel zu schnell unterwegs war, um einen Blick nach hinten zu werfen, konnte er das fremde Motorengeräusch nur hören. Doch dass der Angreifer immer näher kam, das konnte Thomas förmlich spüren, und wie von einer Tarantel gestochen raste er an der kreischenden Menschenmenge vorbei, die winkend und wedelnd auf der Zuschauertribüne tobte.

„Thomas!", schrieen sie. „Thomas, Thomas, Thomas!", feuerte ihn die kreischende Menge an, die gar nicht mehr aufhören wollte, seinen Namen zu rufen.

Doch wieso kannten die fremden Menschen plötzlich seinen Namen?

Im selben Augenblick hob sich aus dem jubelnden Stimmengewirr eine ihm nur allzu gut bekannte Stimme heraus, die ihn immer lauter zum Aufhören drängte.

Doch Thomas konnte sich einfach nicht von seinem Spiel losreißen!

Der Motor seines Rennwagens drehte schon wieder viel zu laut hoch und nagte dadurch kräftig an dem sensiblen Nervengerüst seiner Mutter.

„Thomas! Wenn du nicht sofort ins Bett verschwindest, dann nehme ich dir das verdammte Ding wieder weg!"

Thomas' Mutter stand bereits mit zornig funkelnden Augen und in die Hüften gestützten Armen in seinem Zimmer. Ihre Stimme überschlug sich beim Anblick der auf dem Monitor immer im Kreis fahrenden und lärmenden Rennwagen.

„Ja, Mama, gleich!“, versuchte Thomas etwas mehr Zeit zu gewinnen. Noch ein paar hundert Meter und er hatte es geschafft! Dann würde er VOR seinem virtuellen Gegner über die Ziellinie fahren und der jubelnden Menge wie ein echter Gewinner zuwinken. Fieberhaft hing er an seinem Lenkrad und versuchte seine Mutter mit ihren in alle Richtungen davon stehenden roten Locken, so gut es in diesem Augenblick eben ging, zu ignorieren.

„Nicht gleich, sondern sofort!“, verlangte seine Mutter eindringlich.

„Ich muss auch noch meine Emails abrufen. Vielleicht hat Lukas schon zurück geschrieben“, startete Thomas einen neuen Anlauf, die Sache noch etwas länger hinaus zu zögern. Vielleicht konnte er ja so noch ein paar Minuten länger …

„Sofort!!!“, schrie seine Mutter derart wütend, dass Thomas erschrocken zusammen zuckte. Aufgrund ihres verzerrten Gesichtsausdruckes und der gefährlichen Vibrationen in ihrer Stimme wusste er, dass es allerhöchste Zeit war, endlich ins Bett zu verschwinden.

Doch ein Blick auf die Rennstrecke, die er bereits auswendig kannte, sagte ihm, dass ihn nur mehr wenige Meter von der Zielflagge trennten. Er musste es riskieren – sein Inneres drängte förmlich nach einem Sieg – auch wenn seine Mutter dann total ausflippte!

„Ja, Mama. Aber …“

„Kein aber! Verdammt, Thomas, was ist denn mit dir los? Ich hatte einen anstrengenden Tag und will nun endlich, dass du ins Bett gehst. Du musst morgen wieder früh raus und zur Schule gehen. Du bist alt genug, um das zu verstehen, also stell dich nicht so an.“

„Ich brauche doch nur …“

„Ich will nichts mehr davon hören!“ sprach sie energisch und mit ihrem drohenden Zeigefinger kam sie dem Ausschaltknopf seines Computers gefährlich nahe.

Auf dem Monitor jagten indessen die Motoren ihre Rennwagen wie Geschosse dem Ziel entgegen. Nur mehr wenige Sekunden und es würde einen Sieger geben! Doch Thomas Blick war starr auf den unheilbringenden Zeigefinger seiner vor Zorn überschäumenden Mutter geheftet und so konnte er nicht sehen, welcher Rennwagen tatsächlich als Erster die Ziellinie überfuhr.

Kameraeinstellung und Distanz

Ein Zehnjähriger spielt Autorennen auf dem Computer. Seine Mutter möchte, dass er ins Bett geht. Jeder kann sich die Situation vorstellen, weiß, dass da jede Menge Konfliktstoff dahintersteht.

Aber spürt man den in dem vorliegenden Text?

Ich meine: Nein. Weil die Faszination des Rennens, die Gefühle des Jungen nicht den Leser packen. Das merkt man schon an Kleinigkeiten, daran, wie der Junge spricht.

„Ich muss auch noch meine Emails abrufen. Vielleicht hat Lukas schon zurück geschrieben."

Redet so jemand, der gerade um den Sieg bibbert, den jede Ablenkung die entscheidenden Zehntelsekunden kosten können? Eher nicht. Abgehackt, das Nötigste, wenn überhaupt; einzelne Worte, das ist alles, was seine Mutter von ihrem Sohn hören würde.

„Eindeutig viel zu schnell für einen Zehnjährigen!"

Würde ein Junge beim Autorennen so denken? Kaum.

Wer etwas beschreibt, sollte es kennen und dem Leser die Gefühle und Bilder dafür vermitteln. Dafür ist die Sprache aber hier zu distanziert, die Beschreibung viel zu weit weg von dem Jungen, die Faszination, die Spannung wird nur behauptet. Die Kamera sollte direkt im Auto sitzen, das Erzähltempo müsste atemlos sein wie die Rennsituation.

Jede Ablenkung ist hier verboten, der Holzschemel, das Programmierwunder, die selbstreflektierenden Gedanken reißen den Leser aus der Szene heraus. Das Rennfieber hat den Jungen gepackt.

Nicht nur im Film gibt es Kameraeinstellungen, die die

Distanz festlegen, auch in Romanen und Geschichten. Sie können eine Szene als *Totale* schildern.

Goran erreichte die Passhöhe. Unter sich sah er das Tal des großen Flusses, die blinkenden Dächer der goldenen Stadt, die Berge dahinter.

Ein Rundblick, alles wird wahrgenommen. Der Gegensatz dazu ist die Naheinstellung, die einen und nur einen Gegenstand wahrnimmt:

Plötzlich brach ein Bison aus dem Wald, scharrte mit den Hufen am Boden, die Augen blutunterlaufen, senkte die Hörner und dann stürmte er auf ihn los.

Jetzt sieht der Leser nur noch den Bison, die Hörner, alles andere ist vergessen. Kameraeinstellung: Nahaufnahme. Und Goran, aus dessen Perspektive alles geschildert wird, dreht durch.

Weg hier, bloß weg, verdammt, warum habe ich mein Schwert bloß beim Tross gelassen, wie komme ich hier raus, Jamal wüsste es, Jamal kann mit Tieren sprechen, die Bäume sind auch zu hoch und beim Klettern war ich immer schon schlecht, warum musste ich auch allein vorauslaufen …

Ein Tunnelblick, den Menschen in solchen Momenten bekommen, der nichts anderes mehr wahrnimmt und der Autor geht ganz dicht an die Figur und ihre Gedanken heran.

Distanz ist ein wichtiges Mittel um Spannung zu erzeugen. Der Wechsel der Distanz, der Kameraeinstellung gibt einer Szene Lebendigkeit, zieht den Leser in das Buch, lässt ihn das Geschehen miterleben.

Wie in unserem Beispiel beginnt der klassische Spannungsbogen einer Szene mit der Totale, die dem Leser zeigt, wo er ist, fokussiert sich dann auf den zentralen Konflikt, um beim Höhepunkt zur Nahaufnahme überzugehen. Natürlich gibt es unzählige Varianten. Spielen Sie mit Ihrer Kameraperspektive, denken Sie daran, nicht alles aus der gleichen Distanz zu schildern.

Versuchen wir es einmal damit, um Thomas und sein Rennfieber zu schildern, gehen wir viel näher an die Person und die Handlung heran, um seine Faszination zu spüren.

Thomas riss das Lenkrad nach rechts, dann nach links und dann noch einmal nach rechts. Die Reifen quietschten und die Steinmauer schoss nur Millimeter entfernt vorbei. Der Wagen schlingerte, aber er fing ihn ab, drückte aufs Gas und der Motor heulte auf. Die Tribüne!

„Thomas, Thomas!“, schrien sie. „Thomas“, gellte eine Stimme. Seine Mutter!

„Gleich“, brüllte er, während die Boxen vorbeijagten. Nicht jetzt! Bitte nicht jetzt. Im kleinen Fenster des Bildschirms sah er den Wagen hinter sich. Er holte auf.

Lassen Sie Ihre Leser packende Szenen miterleben und wenn der Held keinen Platz für andere Gedanken hat, dann dürfen diese auch nicht im Text auftauchen. Dann muss ihn das Rennfieber gepackt haben. Wer selbst noch nie diese Faszination erlebt hat, sollte am Computer ein solches Spiel spielen. Am besten zusammen mit einem Fan, der ihn erleben lässt, warum es so packend ist. Erst dann kann ein Autor auch die Leser mitreißen. Erst dann kann er das Potenzial nutzen. Denn diese Konfliktsituation zwischen Mutter und Sohn birgt Potenzial.

Auch dann, wenn man selbst zu den genervten Eltern gehört und diesen Spielen eigentlich gar nichts abgewinnen kann. Ein Autor muss auch die Faszination von Dingen vermitteln können, die er selbst gar nicht schätzt.

Und was fällt Ihnen bei den Reaktionen der Mutter auf?

Auch sie agiert distanziert, auch hier erleben wir das Geschehen aus der Sicht einer Standkamera.

Übung I

Nehmen Sie sich eine Szene Ihrer Texte vor. Am besten eine, mit der Sie Probleme haben. Dann überarbeiten Sie sie so, dass die gesamte Szene einheitlich aus der Totale geschildert wird, die Distanz stets gleich bleibt. Als nächstes schreiben Sie alles aus der Nähe. Und im dritten Versuch variieren Sie die Distanz, beginnen mit der Totale, der großen Distanz und schreiben sich immer näher an Personen und Ereignisse heran, um in der Nahaufnahme zu enden. Vergleichen Sie diese Versionen. Wie wirken sie? Worin unterscheidet sich die Wirkung?

Adjektive und Adverbien

Zurück zu dem Text „Thomas und die verbotene Zone". Was fällt dort bei der Mutter noch auf?

Sie spricht und handelt nie ohne ein Adverb: Sie verlangt eindringlich, spricht energisch, schreit wütend.

Adjektive und Adverbien sind gefährlich. „Wenn Sie ein Adjektiv treffen, bringen sie es um!", verlangte Mark Twain. Das gilt insbesondere dort, wo es keine Funktion hat. Aus dem, was die Mutter verlangt, folgt bereits, dass sie es eindrücklich tut. Wer Personen sprechen lässt, sollte bereits in der Sprache zeigen, wie sie das tun. Wenn das nicht gelingt, kann auch kein Adjektiv oder Adverb die Sache retten. Vor allem keines, das wenig aussagekräftig ist. „Energisch" ist da so wenig hilfreich wie: „derart wütend". Beides weckt im Leser keine Bilder, weil es nichtssagend und abgedroschen ist.

Natürlich soll man nicht alle Adjektive und Adverbien streichen. Wohl aber die Überflüssigen.

Und wie entdecken Sie, welche „überflüssig" sind?

Übung II

Es gibt eine einfache Übung, um das Gefühl für die richtige „Dosis“ zu entwickeln. Nehmen Sie sich einen eigenen Text vor (1-2 Seiten), streichen Sie alle (ja, alle!) Adjektive und drucken Sie beide Texte aus. Legen Sie sie nebeneinander. Sie werden schnell merken, wo der neue Text jetzt besser geworden ist, die Adjektive also störten und wo sie fehlen.

Wiederholen Sie dies für die Adverbien. Diese Übung lässt sich auch auf viele andere Stil- und Schreibelemente anwenden. Erinnern Sie sich? In „Wunschkonzert“ haben wir diese Methode benutzt, um die allgemeinen, nichtssagenden Sätze aufzuspüren.

Übung III

Gehen Sie jetzt den Text „Thomas und Online in der verbotenen Zone“ sorgfältig durch und streichen Sie alle Ihrer Meinung nach überflüssigen Adjektive und Adverbien.

Gedanken

Vielleicht wäre alles anders gekommen. Vielleicht, hätte er sie dann niemals getroffen. Vielleicht …

Nick stand ganz am Rande des Betonplateaus auf dem Sendeturm und hielt sich nur an der Gitterabsperrung fest, die, brusthoch, eigentlich verhindern sollte, dass irgendjemand über sie fiel, und die letzten 40 Meter seines Lebens in weniger als drei Sekunden erlebte. Der starke Wind in dieser Höhe blies ihm sein langes Haar ins Gesicht, so dass er es ab und zu mit der Hand wegstreichen musste, um noch etwas sehen zu können.

Es gibt keine andere Wahl.

Können wir sicher sein?

Ja.

Und trotzdem.

Der Weg ist bereits geebnet worden.

In der Tat.

Der Himmel war fast vollkommen bewölkt, ungewöhnlich für diesen Tag, er hatte doch so schön angefangen. Was soll's, dachte Nick, jetzt war es auch egal. Er hielt das Stück Papier in der Hand und der Inhalt ging ihm plötzlich durch den Kopf, als bräuchte er noch etwas Motivation für sein Vorhaben.

Es gibt verschiedene Arten sein Leben zu führen, die von den Menschen auf dieser Erde praktiziert werden.

Die einen vegetieren einfach nur vor sich hin. Sie wissen nicht was sie tun sollen, nicht was sie tun werden, nicht einmal was sie tun können. Sie sind erbärmlich dumm und begreifen nichts. Aber sie haben keine Ahnung – das macht sie glücklich.

Dann gibt es die zweite Gruppe. Diese Menschen fügen sich in die bestehende Ordnung ein und halten sie für richtig. Sie glauben an etwas, an etwas von Menschen Geschaffenes, egal, was es im Endeffekt ist. Sie leiden nicht oft, aber manchmal. Das bindet sie aber nur noch mehr an ihr Leben und sie sind genauso unwissend, wie die Angehörigen der ersten Gruppe.

In der dritten Gruppe werden die Personen zusammengefasst, welche die Wirklichkeit mehr durchschauen als die meisten anderen –

die der beiden anderen Klassen nämlich. Aber sie sind auch blind und meistens an ein ähnliches Leben gekoppelt, wenn auch sich dessen bewusst, dass es noch etwas anderes als das gibt. Manchmal begreifen sie sogar einen Teil der Falschheit bzw. der Unwichtigkeit der Realität.

Die vierte und letzte Gruppe nun, ja, darin sind wir anzutreffen. Wir sehen die Illusion und erkennen ihre Lüge. Wir hören alles um uns herum und registrieren den Schein. Wir suchen die Wirklichkeit, finden sie aber nicht. Unsereins fragt nach dem Warum, dem Wie.

Die Grenzen zwischen den genannten Gruppen, das sei noch gesagt, sind fließend.

Nick wiederholte die Worte in seinen Gedanken, einmal, zweimal, dreimal. Ja, es musste so sein. Ein letztes Mal sah er sich um. Dann zerknüllte er das Papier in seiner Hand und steckte es in die Hosentasche. Sie würden es schon finden. Er bestieg die Absperrung und stellte sich auf den Rest des Plateaus, das nur noch weniger als einen halben Meter weiter ragte. Alles geschah wie in Zeitlupe für ihn, seine Hand löste sich leicht, ganz langsam, er kippte allmählich nach vorne, ein letzter Atemzug, und er fiel.

Vielen Dank, Lora. Du hast uns den Weg gewiesen.

Deine Worte hatten den Stein ins Rollen gebracht, diese fünf Worte.

Damit hatte damals alles begonnen …

Lebensphilosophie

Gedanken ist die richtige Überschrift dieses Textes. Viele Gedanken finden sich hier, darunter die Einteilung der Menschheit in vier Gruppen. Daneben verblasst das Eigentliche: Dass jemand auf einen Sendeturm steigt, um sich umzubringen.

Für Botschaften ist die Bibel da, predigen Sie nicht, heißt es in vielen Schreibratgebern. Einerseits richtig, andererseits gibt es zu viele Gegenbeispiele, die zeigen, dass Philosophie und Lebensauffassungen ihren Platz in

Geschichten haben. Der meistzitierte erste Satz eines Romans in Schreibratgebern stammt aus „Anna Karenina“ und ist eine Lebensauffassung, ist philosophisch: „Glückliche Familien sind alle gleich; jede unglückliche Familie ist auf ihre eigene Weise unglücklich.“

Aber es ist ein Satz, danach geht es mit einer Szene weiter. Der Satz erschlägt nicht die Geschichte, er macht auf sie neugierig. In „Gedanken“ ist über die Hälfte des Textes Philosophie.

Streichen? Ganz sicher kürzen. Schauen wir uns mal an, was hier behauptet wird. Die vier Gruppen fangen bei der ersten an, die „nichts begreifen“ und deshalb glücklich sind und enden bei der vierten, die die Illusionen sehen und ihre Lüge erkennen.

Vielleicht ist das genau der pointierte, prägnante Satz, der statt der langatmigen Erläuterung hier hineingehört?

Die einen wissen weder, was sie tun sollen, noch, was sie tun werden und begreifen nichts, das macht sie glücklich. Die anderen sehen die Illusion und erkennen ihre Lüge, suchen die Wirklichkeit, finden sie aber nicht.

Ohne die Worte des Autors zu verändern, nur durch Streichen habe ich aus einer langen Abhandlung über fünf Absätze eine kurze Aussage destilliert. Natürlich ließe auch das sich eleganter, pointierter ausdrücken; je nach dem, was der Autor – beziehungsweise der Selbstmörder – uns hier sagen wollte.

Denken Sie daran: Philosophische Gedanken dürfen Sie durchaus in Ihren Geschichten verwenden. Aber sie sollten pointiert und originell sein und vor allem müssen Sie zu Ihren Figuren passen. Dann können sie ein Motto, ein Thema Ihrer Geschichte bilden, deren Einzelheiten sich in den Szenen und den Figuren zeigt. Aber eine Geschichte ist nie ein Essay und zum Predigen ist die Kanzel da.

Übung

Sehen Sie sich den ganzen Text noch einmal genau an. Streichen Sie alles Überflüssige, aber behalten Sie die konkreten Szenen, Bilder bei. Fügen Sie eine pointierte philosophische Erörterung wie oben ein, die aus maximal zwei Sätzen besteht. Wie sieht dieser neue Text aus?

Rückblick

Wenn Sie mir bis hierher gefolgt sind, haben Sie einen langen Weg durch sehr unterschiedliche Geschichten, erzählt von den verschiedensten Autoren, zurückgelegt. Ich hoffe, dass ich Ihren Blick auf Texte – egal ob eigene oder fremde – schärfen konnte und Ihnen ein Gefühl dafür gegeben habe, warum es sich beim Erzählen lohnt, tiefer zu schürfen, sich nicht mit der ersten Fassung zufrieden zu geben. Nutzen Sie das! Fragen Sie sich, welche diese Geschichte ist, die von Ihnen erzählt werden möchte. Warum gerade diese von Ihnen gewählt wurde. Was unter Ihren Worte vielleicht noch verborgen ist. Welches ungenutzte Potenzial sich dort finden lässt.

Vielleicht ist Ihnen bis hierher auch noch etwas aufgefallen? Ich habe vergleichsweise selten Kritik zum Stil abgegeben. Das hat seinen Grund. In den Jahren, seit denen ich Texte kritisiere, habe ich nämlich eines gelernt: Nicht alles auf ein Mal machen. Ein Text, vor allem ein Text von Anfängern, hat viele Fehler. Ich hoffe, dass ich Ihnen auch das vermitteln konnte. Warum es so wichtig ist, das Grundproblem einer Geschichte zu erkennen, nicht gleichzeitig an allen Problemen zu arbeiten, sondern Schritt für Schritt vorzugehen. Wo hakt es im Text? Wo gehen Sie den Konsequenzen Ihrer Personen und deren Handlungen aus dem Weg? Welche Figuren haben kein eigenes Leben?

Wer ein Haus baut, legt auch erst die Fundamente. Dann kommen die Mauern, später die Fenster, Elektrik und Sanitär. Erst ganz zum Schluss wird der Feinputz aufgetragen. Nicht, dass dieser nicht wichtig wäre. Aber an ihm zu arbeiten, ergibt erst Sinn, wenn alles andere in Ordnung ist. Solange die Elektrik Fehler hat, lohnt es nicht, den Feinputz über den Leitungen – die man möglicherweise noch einmal verlegen muss – aufzutragen.

Nicht anders ist es bei der Bearbeitung von Texten.

Auch dort sind stilistische Feinarbeiten nicht sinnvoll, solange gar nicht klar ist, was eigentlich erzählt werden soll.

Stil wird in Deutschland hoch geschätzt. Manche halten guten Stil gar für das einzig wichtige – oder zumindest zentrale – Merkmal guter Texte. Ein Autor braucht Sprachgefühl, so die Meinung der allermeisten Deutschlehrer. Somerset Maugham sah das anders: „Stil wird weit überschätzt".

Da übertreibt er und hat trotzdem recht. Denn viele Textkorrektoren legen das Hauptaugenmerk auf den Stil. Sicher, der hat noch keinem Buch geschadet, egal ob Thriller, Literatur oder Fantasy. Doch zuerst kommt die Geschichte. Und erst, wenn die steht, kann man sich dem Stil zuwenden.

Denn auch das beste Sprachgefühl, die geschliffenste Wortwahl nützt nichts, wenn dem Schreiber nicht klar ist, was er erzählen will. Oder seine Figuren flach wie Scheckkarten bleiben.

Doch unwichtig ist Stil keineswegs. Lesen Sie sich noch mal das Kapitel „Der Knall" durch, insbesondere, was ich dort über aktive Verben und Spannung gesagt habe. Wer seine Sprache beherrscht, der hat ein ganz wichtiges Werkzeug, um damit Spannung zu erzeugen. Eine gute Geschichte besticht immer durch Personen, Handlung und Sprache.

Und damit Sie daran arbeiten können, finden Sie hier noch Artikel über den Umgang mit Kritik und die Lieblingsfrage aller Autoren: Wie finde ich einen Verlag?

Über den Umgang mit Kritik

Kritik kann hilfreich sein. Jeder weiß das. Dennoch ist sie so verflucht niederdrückend. Tagelang läuft man herum, hadert mit dem Kritiker, mit sich selbst. „Ich kann nicht schreiben, mir fehlt jedes Talent", wechselt sich ab mit:

„Der hat ja meinen Text nicht verstanden.“

Gott sei Dank legt sich das. Und man kann einiges tun, um diese dunkle Phase abzukürzen. Das Wichtigste sind: Fragen. Fragen, die man an die Kritiker richtet. Oft ist Kritik nämlich unspezifisch, weil der Kritiker keine Erfahrung hat, weil er nur eine Zusammenfassung dessen, was er im Kopf hat, abliefert. Weil es üblich ist, zu kritisieren, wie es Feuilletons, Literaturredakteure vormachen.

Die wichtigste Frage ist nicht: „Fandest du meinen Text gut oder schlecht?“

Die Frage liefert oft wenig ergiebige Antworten. „Sehr gut“, mag das eigene Selbstgefühl stärken, der Schreibfähigkeit hilft es so wenig weiter, wie die (viel seltenere) Antwort: „Furchtbar schlecht.“

Besser ist es, zu fragen: „Was hat dir am besten gefallen? Was am wenigsten?“ Das liefert differenziertere Antworten, hilft eher, eigene Stärken wie auch Schwächen zu erkennen und gibt Hinweise darauf, wo es hakt, wo nacharbeiten nötig ist.

Überhaupt sind Fragen das Wichtigste bei der Diskussion über Texte. Es ist verständlich, aber wenig sinnvoll, wenn der Autor seinen Testlesern den Text erklärt: „Aber ich wollte doch dort zeigen …“. Auch Verweise: „Auf Seite xx steht doch …“ helfen nichts. Wenn die Leser etwas nicht im Text finden, hilft nachträgliches Erklären auch nichts. Dann steht es nicht drin und der Autor muss überarbeiten; statt zu erklären, was er sagen wollte, aber offenbar den Lesern nicht gezeigt hat.

Was helfen kann, sind gezielte Fragen an die Testleser. „Wie hast du die Mutter gesehen?“ Möglichst so, dass in der Frage nicht schon die Antwort vorgegeben wird.

Wer ist überhaupt als Kritikerin, als Kritiker geeignet? Freunde sind es meist nicht, weil sie nicht die Wahrheit sagen wollen oder einfach so begeistert sind, dass sie keinen objektiven Blick auf die Texte haben.

Verwandte, vor allem Ehepartner, sind es manchmal hingegen schon. Viele Autoren zeigen ihre Texte zuerst dem Partner. Hitchcock gehörte dazu und Stephen King. Natürlich setzt das Partner voraus, die einem ehrlich die Meinung sagen.

Vor allem am Anfang sollten es möglichst viele, unterschiedliche Kritiker sein. Autoren müssen lernen, mit Kritik umzugehen und – das Wichtigste! – Kritik einzuordnen. Nicht jede Kritik muss man übernehmen, aber ernst nehmen sollte man sie schon. Auch das zu erkennen, muss man lernen. Deshalb sind möglichst viele Kritiker am Anfang so nützlich. Wenn nur einer von zwanzig nicht begriffen hat, welche wichtige Rolle die Mutter spielt, kann das ein individuelles Problem sein. Wenn fünfzehn von zwanzig das sagen, dann hat der Text an dieser Stelle ein Problem.

Weil Diskussion so wichtig ist, halte ich nichts von den beliebten Literaturveranstaltungen, in denen der Autor nur zuhören muss, aber selbst nichts sagen darf. Diese Anordnung ist seit den Zeiten der Gruppe 47 in Literatengruppen beliebt, sie hat auch gute Gründe. Sie soll verhindern, dass der Autor seinen Text erklärt, verteidigt.

Doch der Nachteil liegt darin, dass die Kritik oft nicht verstanden wird, nicht richtig eingeordnet werden kann. Obendrein sind es gerade Textdiskussionen über den eigenen Text, die Autoren die besten Ideen liefern. Statt „Der Autor hört nur zu, was die anderen sagen“ ist es weit besser, von vorneherein klarzustellen: „Der Autor darf die Kritiker befragen, aber nicht seinen Text erklären oder verteidigen.“ Gibt es Probleme, kann man auch einen zum Moderator ernennen, der dafür sorgt, dass diese wichtige Regel auch eingehalten wird.

Wie finde ich einen Verlag

Die Verlage ersticken unter unverlangt eingesandten Manuskripten. 8% der Deutschen schreiben angeblich, das wären immerhin 6 Millionen Autorinnen und Autoren. Und natürlich will jeder, der schreibt, veröffentlicht werden. Jährlich aber erscheinen bestenfalls 1.000 Bücher neuer deutscher Autoren. Nur 0,1% der Texte finden einen Verlag? Ja.

Eine Unzahl von Büchern und Internetratgebern wollen hier Hilfe geben. „Wie finde ich einen Verlag?", ist die wohl häufigste Frage von Nachwuchsautoren. Und sorgfältig studieren diese die Ratschläge, die ihnen erklären, dass man Manuskripte als Normseite ausdrucken soll, was eine Normseite ist, wie man sie in der Textverarbeitung formatiert. Auch die Frage „Wie soll das Anschreiben aussehen?" findet, ebenso wie die Wahl des Verlages, eine Antwort.

Aber in aller Regel fehlt das Wichtigste.

Einen Verlag zu finden, hängt nämlich nicht hauptsächlich davon ab, dass man alle Formalia beachtet, sondern davon, dass man eine spannende Geschichte hat. Natürlich ist jeder stolz, der zum ersten Mal das Wort „Ende" unter einen Roman setzt. Zu Recht.

Aber ist das auch schon eine Geschichte, die zu drucken sich lohnt? Die dreitausend oder mehr Leser lesen wollen? Denn so groß muss die Auflage sein, damit ein Verlag mit dem Buch Gewinn machen kann.

Die meisten Manuskripteinsendungen erfüllen genau dieses Kriterium nicht. Zu unbeholfen wird da oft erzählt, der Leser spürt, das ist der erste Roman des Autors. Da hapert es nicht nur bei der Rechtschreibung und Grammatik – das ließe sich noch einfach beheben – da fehlt ein roter Faden, Spannung, glaubwürdige Figuren, kurz: Da fehlt Erfahrung und Können.

Ein Jahr Reitunterricht befähigt niemanden zur S-

Dressur, sondern höchstens für die A-Dressur im lokalen Verein.

Der erste Torschuss qualifiziert keinen für die Bundesliga. Vor dem Auftritt als Profi steht die Kreisklasse, in deren Spielen die hoffnungsvollen Nachwuchskicker ihre ersten Sporen verdienen, Erfahrungen sammeln, die Grundlagen lernen. Wer sich dort auszeichnet, spielt später in der Landesliga. Gerd Müller, der Stürmerstar mit unzähligen Toren, wurde vom FC Bayern entdeckt, als er siebzehn war und Stürmerstar beim SV Nördlingen. Da hatte er bereits jahrelang Tore geschossen.

Zwei Jahre Klavierunterricht machen noch keinen Pianisten. Aber unzählige schicken ihren ersten Romanentwurf hoffnungsvoll an etablierte Verlage. Bevor man Geld für Porto und viel Zeit aufwendet, um den Roman an alle denkbaren Verlage zu verschicken, sollte man einhalten. Ich habe zahlreiche Autoren interviewt und alle, alle hatten etwas gemeinsam, ganz gleich, ob sie Juli Zeh hießen oder Andreas Eschbach, Josef Haslinger oder Andreas Wilhelm.

Sie haben Jahre, meist Jahrzehnte geschrieben, bevor sie veröffentlicht wurden. Wussten Sie, dass die Autorin von Harry Potter, J.K. Rowlings, mehrere andere Romane geschrieben hat, bevor sie mit ihrem Zauberlehrling reich und berühmt wurde? Dass sie seit ihrem neunten Lebensjahr schreibt, aber erst mit neunundzwanzig veröffentlicht wurde?

Wie sagte der Wiener zum Preußen, als der ihn fragte: „Wie komme ich in die Philharmonie“?

„Üben, üben, üben!“

Der Irrglaube, dass jeder schreiben könne, dass es beim Schreiben, anders als beim Malen, Klavierspielen und Skifahren keiner Erfahrung, keiner Übung bedarf, wird auch von den Medien genährt, die immer wieder von Shooting-Stars berichten, die angeblich eines Tages den Beschluss fassten, zu schreiben und ein Jahr danach einen

Bestseller lancieren. In einigen wenigen Fällen mag das stimmen. In den meisten Fällen zeigt sich bei näherem Hinschauen, dass diese Autoren in Wirklichkeit Jahre, Jahrzehnte Schreiberfahrungen haben.

Schreiben ist ein einsames Geschäft, heißt es immer. Das ist richtig und falsch zugleich. Autoren, erfolgreiche vor allem, haben sich schon immer über ihr Handwerk ausgetauscht. Die dicken Bände mit Autorenbriefwechseln beweisen es.

Wer schreiben möchte, sollte sich austauschen. Diskutieren Sie mit anderen Autoren. Mittlerweile gibt es in vielen Städten Autorenstammtische, im Internet Diskussionsforen. Lassen Sie Ihren Roman ein paar Monate liegen und dann: Überarbeiten! Korrigieren! Wie ist das mit dem Spannungsbogen? Sind die Personen glaubwürdig? Dazu benötigen Sie am Anfang Hilfe. Deshalb hier ein paar Links.

Autorenforen

Montsegur: www.autorenforum.montsegur.de
WWG PRO: www.wwgpro.de
42er: www.forum.42erAutoren.de
Federfeuer: www.federfeuer.de
Fiction Writing: www.fiction-writing.de
Schreiblust: www.schreiblust.de

Interviews mit Autoren und Lektoren

Von Andreas Eschbach über Sol Stein bis zu Juli Zeh habe ich viele Autoren, Lektoren und Agenten interviewt. Die Interviews finden Sie hier:

http://www.textkraft.de/i_ListeInterviews.html

Nützliches Handwerk

Der Bestsellerautor Andreas Eschbach hat eine Fülle von

Fragen zum Schreiben auf seiner Homepage beantwortet:

http://ourworld.compuserve.com/homepages/AndreasEschbach/writing.htm

Und auch auf den Seiten der Krimiautorin Nicola Hahn finden Sie viele Tipps:

http://www.nikola-hahn.com/

Zeitschriften und Newsletter

Mittlerweile gibt es sie auch in Deutschland: Newsletter und Zeitschriften, die über das Handwerk des Schreibens informieren, Autoren interviewen und über Neuigkeiten für Autoren berichten.

Federwelt: http://www.federwelt.de

Tempest: http://www.autorenforum.de

Textart: http://www.textartmagazin.de/

Writer's Digest ist die größte amerikanische Zeitschrift zum Thema: http://www.writersdigest.com

Lexikon der Fachbegriffe

Actor's Studio

Das Actor's Studio stammt aus der Schauspielschule. Zwei Personen werden auf die Bühne gebeten und der Regisseur erklärt ihnen das Drehbuch. Aber so, dass die jeweils andere Person es nicht hören kann und jeder der beiden hat sein eigenes mit eigenen Zielen. Dann müssen beide ihre Szene spielen. Da beide Personen mit unterschiedlichen Zielen spielen, die sich in der Regel widersprechen, kommt es sehr schnell zu einem Konflikt.

Das Actor's Studio ist eine gute Übung für Autoren, um ihre Szenen Leben und Konflikt einzuhauchen. Machen Sie sich klar, was Ihre Figuren wollen, welche Ziele sie haben und vor allem: Worin sich die Wünsche und Ziele unterscheiden. Dann lassen Sie Ihre Personen aufeinander los.

Allwissender Erzähler → (siehe) auktoriale Perspektive

Antagonist

In Geschichten gibt es einen → Protagonisten (den Helden, die Hauptperson) und einen → Antagonisten (den Gegenspieler, den Bösewicht). Der Protagonist ist die Figur, um die es in der Geschichte geht, die etwas will, etwas wünscht, manchmal auch etwas verhindern will.

Der Gegenspieler hat den entgegengesetzten Wunsch. Er will die Pläne des Protagonisten durchkreuzen. Der Kommissar (Protagonist) will einen Mord aufklären, der Mörder (Antagonist) will genau das verhindern. Romeo will seine Julia gewinnen, Eltern und Familien wollen genau das nicht.

Nicht jeder Antagonist ist menschlich. Wenn der Protagonist den Mount Everest barfuss bezwingen will, ist der Berg der Antagonist. Und er hat eine Menge Mittel, dem Protagonisten die Suppe zu versalzen. Schneebretter, scharfe Eiskanten, Stürme, Temperaturstürze, dünne Luft …

Aus diesem Kampf zwischen Protagonist und Antagonist entwickelt sich der Konflikt und daraus die Geschichte.

Auktoriale Perspektive

Eine Perspektive, die nicht einer der Figuren folgt (personale Perspektive), sondern über allem schwebt, alles weiß (deshalb auch „allwissender Erzähler" genannt). In einem Roman mit auktorialer Perspektive kann ein Autor alles erzählen. Er kann erzählen, was der Held plant und was der Bösewicht; er kann Landschaften beschreiben und erzählen, was hundert Kilometer entfernt passiert. In der personalen Perspektive kann nur erzählt werden, was die Figur weiß, sieht, hört, durch die der Leser die Geschichte erlebt. Romane des neunzehnten Jahrhundert haben oft die auktoriale Perspektive verwendet.

Auch in der auktorialen Perspektive kann der Autor die Gedanken seiner Figuren schildern – und zwar aller Figuren.

Braiden (Verknüpfen)

Wenn mehrere Handlungsstränge in einem Roman verknüpft werden, spricht man von Braiden. Der Detektiv löst einerseits einen Mordfall, hat aber andererseits eine unglückliche Beziehung.

Beides hat zunächst nichts miteinander zu tun. Wird beides im gleichen Roman geschildert, so werden diese beiden Geschichten miteinander verknüpft. Ein alter lettischer Jude erzählt seine Geschichte aus dem zweiten Weltkrieg und gleichzeitig ein junger Österreicher, Sohn eines einflussreichen Politikers heute, die seine („Vaterspiel“). Beide Geschichten laufen nebeneinander her und erst ganz am Schluss finden sie zusammen.

Bösewicht → Antagonist

Cliffhanger

Ein Cliffhanger bricht eine Geschichte genau an der spannendesten Stelle ab, führt sie also nicht bis zum Schluss weiter. Der Held flieht im Auto, eine scharfe Kurve, das Auto durchbricht die Leitplanke. Schnitt. Der Leser weiß nicht, wie die Szene endet. Wird er in die Schlucht stürzen? Kann er sich retten? Ein Cliffhanger bricht immer vor dem Ende einer Szene ab, bevor der Leser weiß, wie es ausgeht.

Der Begriff Cliffhanger stammt von den alten Fortsetzungsfilmen, in denen es sehr beliebt war, den Helden über dem Abgrund baumelnd hängen zu lassen und dann „Fortsetzung folgt nächste Woche in diesem Kino“ einzublenden.

Cliffhanger werden heute gerne zusammen mit wechselnder Perspektive benutzt. Nachdem das Auto des Detektivs die Leitplanke durchbricht, wechselt der Roman in die Perspektive einer anderen Figur, einer anderen Szene. Vielleicht in die der Freundin, die sich überlegt, ob sie sich von dem Detektiv trennen soll. Und plötzlich fliegt die Tür auf und ein Mann mit Pistole stürmt in die Wohnung.

Dialog

Dialog ist das Gespräch zweier Figuren. Dialoge sind

nicht dazu da, dem Leser nur Informationen zu vermitteln. Gute Dialoge enthalten Konflikte, sie zeigen zwei verschiedene Menschen mit unterschiedlichen Zielen und Motiven (→ actor's studio, → Drehbuch einer Figur). Oft wird das, was wichtig ist, nicht gesagt, sondern nur angedeutet, steht zwischen den Zeilen.

Die Dosis macht das Gift

Stil- und Erzählungselemente sollten nie zu häufig verwendet werden. Wer jeden Satz mit „Aber" beginnt, nervt seine Leser. Das heißt natürlich nicht, dass nicht hin und wieder ein Satz mit „Aber" beginnen kann. Was die richtige Dosis ist, lässt sich oft nur durch Erfahrung, durch Gefühl feststellen. Anfänger überdosieren oft Adjektive, neigen dazu, zu viel zu erklären. Die richtige Dosis seiner erzählerischen Mittel zu kennen, macht einen guten Autor aus.

Distanz → Kameraeinstellung

Drehbuch der Figuren

Jede Figur in einem Roman will etwas, hat einen Wunsch, möchte etwas erreichen (→ Actor's Studio). Bei Nebenfiguren ist dieser Wunsch nicht so wichtig, bei Hauptfiguren sollte er dem Autor unbedingt bewusst werden. Denn entsprechend ihrer Wünsche agieren Figuren. Das nennt man das Drehbuch einer Figur. Der Detektiv will den Mörder fangen. Der Mörder will nicht überführt werden. Romeo will seine Julia gewinnen. Kapitän Ahab will sich an dem weißen Wal rächen.

Treffen zwei Figuren mit unterschiedlichem Drehbuch zusammen, kommt es deshalb zum Konflikt. Wer das Drehbuch seiner Figuren gut kennt, kann daraus die Szenen und den Plot seiner Geschichte entwickeln.

Erzählstimme

Jede Geschichte wird auf eine eigene Art erzählt, mit eigenem Stil, Wortwahl, Tempo. Das ist die Erzählstimme. Abgebrüht in Krimis mit einem hard-boiled Detektiv, lyrisch in einer Liebesgeschichte, kindlich-neugierig in einem Kinderbuch …

Die Stimme, die die Geschichte erzählt, nennt man die Erzählstimme.

Exposé

Ein Exposé beschreibt eine Geschichte. Exposés sind dazu da, anderen, vornehmlich Verlagen, eine Geschichte vorzustellen. Dabei sollten nur die wesentlichen Elemente im Exposé auftauchen, nur die Figuren, die wirklich nötig sind. Üblicherweise sind das der Protagonist und der Antagonist, aus deren Wünschen und Motiven sich die Geschichte entwickelt. Nebenhandlungen und Nebenfiguren sollten tunlichst weggelassen werden.

Mein Held stammt aus guter Familie, Vater und Großvater waren berühmte Ärzte, die Mutter ist eine erfolgreiche Schriftstellerin. Er lernt in der Disko eine Studentin kennen, die Tochter türkischer Einwanderer ist. Erst ist es ein One-Night-Stand, doch sie treffen sich immer wieder und schließlich ziehen sie zusammen. Seine Familie ist entsetzt, sie denken an Ehrenmorde und fremde Kultur. Der Vater droht mit Enterbung, die Familie der Frau will von der Tochter nichts mehr wissen …

Exposés sind aber auch ein gutes Mittel, die eigene Geschichte zu prüfen. Um was geht es wirklich? Was ist der Kern der Geschichte? Was ist der zentrale Konflikt? Wie wird er aufgelöst? Versöhnen sich die Familien mit dem jungen Paar? Oder müssen beide in einer Großstadt untertauchen und lernen, ein eigenes Leben zu führen?

Flashback

Ein Flashback (Rückblende) ist ein Zeitsprung in die Vergangenheit. Der Autor verlässt die aktuelle Zeitebene der Geschichte, um etwas zu erzählen, das lange zuvor passiert ist. Dementsprechend sollte das, was in dem Flashback erzählt wird, auch für die Geschichte wichtig sein. Wenn der Held allergisch auf Autoritäten reagiert, erfahren wir in einem Flashback, welche Erlebnisse in seiner Kindheit dazu geführt haben.

Held → Protagonist

Hintergrund → Setting

Hook

Ein Hook (Haken) ist ein Köder, der den Leser in die Geschichte ziehen soll. Das kann ein Mord sein, aber auch ein ungewöhnlicher, allgemeiner Satz wie: „Glückliche Familien sind alle gleich; jede unglückliche Familie ist auf ihre eigene Weise unglücklich" von Tolstoi. Wichtig: Ein Hook muss die Neugier wecken, den Leser reizen, weiterzulesen, um mehr zu erfahren.

Ich-Erzähler → personaler Erzähler

Infodump

Infodump ist eine Textstelle, in der Informationen geballt vermittelt werden. Textstellen, die sich wie Lexikoneinträge lesen. „Das römische Reich umfasste 2.583.444 qkm, erstreckte sich über 2333 km Länge von Nord nach Süd und über 5677 km Länge von Ost nach West."

Infodumps enthalten typischerweise keine Handlung, dafür aber weit mehr Informationen, als der Leser an der

Stelle benötigt.

Kameraeinstellung

In Filmen gibt es eine Kameraeinstellung, die die Distanz, das, was wir sehen, festlegt. Die Totale (Rundumblick), die Halbtotale, Nahaufnahme. Auch in Romanen beschreibt ein Autor seine Szene aus verschiedenen Blickwinkeln. Die Totale, die den Gesamtüberblick bietet, aber nichts besonders hervorhebt. Die Nahaufnahme, in der wir nur ein Detail sehen (zum Beispiel eine Pistole). Die Kameraeinstellung bestimmt die Distanz, nicht aber die Perspektive einer Geschichte.

Kitsch

Was Kitsch ist, darüber haben Generationen von Autoren und Literaturwissenschaftlern gestritten. Trotzdem hier ein Versuch der Definition: Kitsch behauptet Gefühle, zeigt sie nicht. Die Gefühle sind unecht, sind politisch korrekt, aber unglaubwürdig. Sie passen nicht zu den Figuren, sondern werden diesen vom Autor „angedichtet". Oft tritt der Kitsch auf, wo Autoren ihrer Geschichte und ihren Figuren aus dem Weg gehen.

Klischee

Klischee ist 08/15. Das, was wir immer vermuten, was jeder denkt, das, was „üblich" ist. Der Journalist, der vor nichts Ehrfurcht hat. Die Hure mit dem goldenen Herzen. Der Puritaner, der heimlich Porno liest. Der bestechliche Politiker.

Ein einfaches Mittel gibt es, Klischees zu vermeiden. Überlegen Sie, was ihre Figuren üblicherweise an einer bestimmten Stelle tun würden. Dann lassen Sie sie das Gegenteil tun.

Narratives Erzählen → szenisches Erzählen

Nebenplot

Das sind alle Plots, Geschichten, die nicht zum Hauptplot, zum Wesentlichen der Geschichte gehören. Dass der Nachbar eine kranke Frau hat, bei der unklar ist, ob sie Krebs hat. Die Liebesgeschichte der Köchin. Nebenplots sind vielleicht nicht so wichtig, sollten aber nicht willkürlich eingeführt werden und, wie der Hauptplot, nicht einfach irgendwo unabgeschlossen liegen bleiben.

Normseite

Aus den Zeiten der Schreibmaschine stammt die Normseite. Sie hilft Verlagen und Autoren den Umfang einer Geschichte abzuschätzen.

Eine Normseite hat dreißig Zeilen – Zeilenabstand 1,5 oder 2 – mit je maximal sechzig Anschlägen pro Zeile. Maximal umfasst eine Normseite 1800 Anschläge (inklusive Leerzeichen), in der Praxis sind es meist 1500-1600 Anschläge. Als Schrifttype dient eine Schrift mit fester Zeichenlänge, in der alle Zeichen gleich viel Platz auf dem Papier einnehmen. Standardschrift für Normseiten ist COURIER 12 Punkt.

Da bei einer Normseite reichlich Platz zwischen den Zeilen ist, eignet sie sich gut, Korrekturen und Kommentare einzufügen. Dass dürfte der Grund sein, dass sie sich auch im Computerzeitalter immer noch großer Beliebtheit in Verlagen erfreut.

Personale Perspektive

In der personalen Perspektive erlebt der Leser die Geschichte durch eine Person. Er sieht, was diese Person sieht; weiß, was sie denkt, hört; was diese hört. Aber er erfährt nicht die Gedanken anderer Personen, sieht nichts, was die gewählte Person nicht sehen kann. Die personale Perspektive ist zur Zeit die mit Abstand beliebteste Perspektive in Romanen. Oft wird sie von Kapitel zu Kapitel variiert, in einem Kapitel erleben wir die Geschichte aus der Sicht der einen Figur, im nächsten aus der einer anderen. Meist beschränken sich Autoren auf wenige (ca 4-7) Perspektiven. Es gibt aber auch Romane mit weit mehr Perspektiven (Ein Lied von Eis und Feuer, George R.R. Martin).

Wird die Geschichte in der ersten Person erzählt – „Ich hörte einen Schuss und rannte los“, spricht man von der Ich-Perspektive. Daneben gibt es auch die personale Perspektive in der dritten Person: „Er hörte einen Schuss und rannte los.“

Perspektive

Die Perspektive legt fest, aus welcher Sicht erzählt wird. Das kann aus der Sicht einer Figur sein (personale Perspektive) oder aus der Sicht eines allwissenden Erzählers, der sämtliche Ereignisse rund um die Geschichte kennt und je nach Wunsch berichten kann. Die Perspektive ist nicht identisch mit der Kameraeinstellung, die die Distanz zu den Geschehnissen und Personen festlegt.

Plagiat

Ein Plagiat ist eine Kopie einer Geschichte, ein Text, den der Autor als eigenen ausgibt, den aber jemand anderer geschrieben hat. Plagiate können eine komplette Kopie sein – in diesem Fall lassen sie sich leicht nachweisen – oder Figuren, Szenen, Plots aus anderen Geschichten verwenden. Wer in seinem Roman Donald Duck auftreten lässt, plagiiert, auch wenn er eine eigene Handlung dazu erfindet. Personen aus Romanen sind gesetzlich geschützt, ebenso wie Formulierungen. Ideen selbst können aber nicht durch Copyright geschützt werden.

Je mehr sich ein Autor nur von einer Geschichte „inspirieren“ lässt, desto weniger handelt es sich um ein Plagiat im juristischen Sinne.

Viele angebliche „Plagiate“ sind keine Kopien im herkömmlichen Sinne. Bestimmte Geschichtsideen werden immer wieder verwendet, ohne dass die Autoren deshalb voneinander abgeschrieben haben.

Plot

Der Plot ist die Grundidee einer Geschichte. Er erzählt, wo sie beginnt, wie sie fortgeführt wird und zu welchem Ende sie führt.

Plotpoint

Plotpoints sind Wendepunkte einer Geschichte, an denen sich die Richtung ändert, die Geschichte eine Wendung nimmt. Sie heißen deshalb auch Wendepunkt oder Twist. In Filmen, aber auch den meisten Romanen gibt es zwei besonders ausgezeichnete Plotpoints (beschrieben von Syd Field). Plotpoint I ist der Punkt, ab der die Geschichte richtig losgeht. Der Held lebt mit Familie im Reihenhaus, wir erleben sein tägliches Einerlei. Dann wird sein Bruder ermordet und er will den Mord aufklären. Ab diesem Punkt verlässt die Geschichte das alltägliche Einerlei und nimmt ihren Lauf.

Plotpoint II ist der Wendepunkt, der die Geschichte auf das Ende hinwendet. Der Detektiv hat das entscheidende Detail gefunden, das Indiz, das den Mord in einem völlig neuem Licht erscheinen lässt. Jetzt läuft alles auf die Aufklärung zu.

Prolog

Prolog ist eine Szene oder kurzer Text, der der eigentlichen Geschichte vorangestellt ist. Meist liegt er lange vor dem Beginn der eigentlichen Geschichte, aber erzählt etwas, das für das Verständnis nötig ist. Oft wird die Bedeutung dessen, was im Prolog erzählt wird, erst im Laufe der Geschichte klar.

Zeitweilig galten Prologe bei Verlagen als absolutes ‚no-no'. Mittlerweile sind sie in manchen Genres (Fantasy, historischer Roman) zu üblichen Erzählmitteln geworden.

Protagonist

Der Protagonist (Held, Hauptfigur) ist die Person, deren Geschichte erzählt wird. Sie treibt die Handlung voran, in dem sie etwas erreichen möchte, einen Wunsch hat oder auch nur verhindern möchte, dass etwas passiert. Aus dem Charakter des Protagonisten ergibt sich, wie er auf Ereignisse reagiert, was er tut oder nicht tut, wie er seine Wünsche durchzusetzen versucht. Don Quichotte will ein Ritter aus einem Ritterroman werden, setzt sich einen Blechnapf auf, sattelt einen alten Klepper und reitet aus, um Abenteuer zu erleben. Kapitän Ahab segelt mit seinem Schiff um die halbe Welt, um sich an dem weißen Wal Moby Dick zu rächen.

Der Protagonist hat einen Gegenspieler, Antagonist, der die gegensätzlichen Ziele hat. Er will verhindern, dass der Protagonist seine Ziele erreicht. Der Detektiv (Protagonist) will den Mord aufklären, der Mörder (Antagonist) will genau das verhindern.

Rückblende → Flashback

Säen und Ernten

Wenn scheinbar unwichtige Details en passant im Text erzählt werden, die später eine Bedeutung gewinnen, spricht man von „Säen und Ernten". Der Autor sät Andeutungen, die er später in Form von Lösungen erntet. Der Leser liest die Andeutung, hält sie nicht für wichtig, erst in dem Moment, wenn sie wieder auftauchen, erkennt er ihre Bedeutung. „Ach ja", sagt er sich, „das hätte ich wissen können." Die Kunst ist es, diese Andeutungen so zu setzen, dass der Leser ihre wahre Bedeutung nicht erkennt, aber später sich dennoch erinnert. Im Krimi ist es das Detail, das jemand neben zahlreichen anderen in der Vernehmung erzählt, das später dazu dient, den Mörder zu überführen.

Säen und Ernten ist ein wenig wie Zaubern. Wir lenken den Blick des Lesers ab, spielen ihm vor, etwas anderes sei jetzt wichtig und während er noch wegschaut – schwupp, springt das Kaninchen aus dem Hut, den der Leser für unwichtig hielt.

Setting (Hintergrund)

Das Setting (der Hintergrund) legt das Umfeld, den Hintergrund der Geschichte fest. Ist es das London des Neunzehnten Jahrhunderts, in dem Jack the Ripper durch die Straßen schleicht? Eine abgelegene Raumstation im Wega-Sektor? Ein Schloss eines Ritters des Mittelalters? Egal, was es ist, es wird Ihre Geschichte prägen. Verweben Sie die Figuren und die Handlung mit dem Setting.

Der Hintergrund einer Geschichte wird oft vernachlässigt, aber durch Zeit und Ort legt er fest, was in der Geschichte passieren kann und auch, wie die Personen denken und handeln. Ein Konsul aus dem alten Rom denkt, agiert anders, als ein Raumfahrer der Zukunft oder ein Kripobeamter aus Wiesbaden.

Show, don't tell

„Show, don't tell", „zeigen, nicht behaupten", ist eine der wichtigsten, wenn nicht gar die wichtigste Regel beim Schreiben. Behaupten Sie nicht, dass ihr Held Angst hat. „Er hatte Angst." Zeigen Sie es dem Leser, lassen sie es ihn erleben. Geht er langsamer als sonst? Schaut er sich immer wieder um? Schreiben Sie möglichst konkret, wecken Sie im Leser Bilder. Das geht nicht mit Behauptungen und auch nicht mit allgemeinen, abstrakten Sätzen. Sondern durch anschauliche Schilderungen. Beobachten Sie selbst genau. Nicht: „Es war Herbst geworden", sondern: „Der Ahorn vorm Haus hatte die Blätter verloren und sah aus wie ein Mahnmal der Vergänglichkeit."

Zeigen, nicht behaupten, lässt sich auch dadurch erreichen, dass man szenisch schreibt. Das ist allerdings keine Bedingung, Sie können auch narrativ schreiben und doch anschaulich bleiben, statt abstrakt.

SPO-Sätze

SPO-Sätze bestehen nur aus wenigen Worten und keinen Nebensätzen, eben aus Subjekt, Objekt und Prädikat. „Ich (Subjekt) zog (Prädikat) die Pistole (Objekt)."

Spannungsbogen

Ein ganzer Roman, aber auch einzelne Szenen haben einen Spannungsbogen. Im Idealfall fängt dieser ruhig an, steigert sich dann, erreicht einen Höhepunkt, auf dem es mehrere Möglichkeiten gibt und es um die wichtigste Frage der Szene oder des Romans geht und danach fällt die Spannung ab, meist sehr schnell.

Beim Cliffhanger endet der Spannungsbogen auf dem Höhepunkt und zeigt nicht, wie die Szene ausgeht.

Subjekt-Objekt-Prädikat-Stil

Ein Stil, der nur SPO (Subjekt, Objekt, Prädikat)-Sätze benutzt, heißt SPO-Stil. Viele Stilratgeber empfehlen diesen Stil (keine Sätze mit mehr als sieben Worten). Vor allem Krimis und Thriller werden gerne in diesem Stil geschrieben. Natürlich kann ein solcher Stil auf Dauer auch langweilig wirken, da er immer im gleichen Ton erzählt.

Szenisches Erzählen

Szenisches Erzählen schildert eine Geschichte in Szenen. Der Autor sagt nicht: „Der Mörder erschoss den einzigen Zeugen", sondern schildert uns, wie das geschieht:

Jack zog den Perlonstrumpf über das Gesicht. Dann zog er die Pistole. Er hob die linke Faust und donnerte gegen die Tür. „Aufmachen, Polizei", rief er.

Das Gegenteil vom szenischen Erzählen ist narratives Erzählen, das keine Szenen und Dialoge enthält. Auch wenn in Romanen meist szenisch erzählt wird, hat so gut wie jeder Roman auch narrative Erzählelemente. Unwichtige Ereignisse, Nebenhandlungen müssen nicht zu Szenen ausgewalzt werden, sonst werden sie langatmig, lenken den Leser ab und langweilen ihn. „Er holte Zigaretten", ist völlig ausreichend, da muss nicht erzählt werden, welche Farbe der Automat hat, wie der Held das Geldstück einwirft und welche Marke er wählt.

Aber auch narratives Erzählen sollte möglichst anschaulich sein. Denn hier gilt ebenfalls der Satz „Show, don't tell."

Szenenfolge

Jeder Roman besteht aus Szenen, die in einer bestimmten Anordnung aufeinander folgen. Das muss nicht der tatsächlichen Zeitfolge entsprechen. Aber die Folge der Szenen ist wichtig für den Roman.

Deshalb lohnt es sich, wenn das Romanprojekt entsprechend weit gediehen ist, diese Szenenfolge schriftlich festzuhalten.

Manche Autoren stellen die Szenenfolge an den Anfang ihrer Arbeit, legen also fest, welche Szenen wann im Roman auftauchen, bevor sie überhaupt ans Schreiben gehen. Umgangssprachlich nennt man diese „Kopfschreiber" im Gegensatz zu den „Bauchschreibern", bei denen sich die Struktur und Szenenfolge erst im Laufe des Schreibens entwickelt.

Testleser

Viele Autoren geben ihre Texte zuerst Testlesern. Das sind manchmal Lektoren, manchmal andere Autoren, manchmal die Ehegatten. Die Testleser geben Rückmeldungen, wo die Geschichte hängt, wo der Autor zu viel oder zu wenig erzählt hat, wo es Logikfehler gibt.

Twist → Plotpoint

Verknüpfen → Braiden

Vorahnung

Vorahnungen gehören zum ‚Säen und Ernten'. Sie deuten etwas an, das erst später erzählt wird, dessen Bedeutung erst später dem Leser klar wird.

Die plumpe Form einer Vorahnung geht so: „Das ihn das später noch Jahre lang reuen würde, ahnte er in diesem Moment nicht." Hier wird nicht angedeutet, sondern einfach behauptet.

Der Leser durchschaut das Kunststück, sieht den Zeigefinger des Autors und reagiert wie auf einen Zauberkünstler, der ihm sagt: „Bitte, liebes Publikum, schau mal weg von dem Zylinder, weil ich da einen Trick vorbereite."

„Er winkte ihm zu, wie er davonfuhr. Das sollte das letzte Mal sein, dass er ihn lebend sah", wäre eine elegantere Form. Sie verrät etwas (er sieht seinen Bruder nie lebendig wieder), aber nicht alles und lässt deshalb Fragen offen. (Wann stirbt er? Warum sieht er ihn nie wieder?)

Wendepunkt → Plotpoint

Wiederholungen

Wenn sich Elemente wiederholen, kann das schnell langweilen. Wenn der Detektiv jedes Mal an der Ecke beim Zigarettenautomaten mit der Pistole bedroht wird und jedes Mal taucht genau im richtigen Moment sein Assistent auf, gähnt der Leser beim dritten Mal.

Ähnliches gilt auch für stilistische Wiederholungen. Wer jeden Satz mit „Aber" beginnt, wer in jeder Zeile das Word „furchtbar" verwendet, verjagt schnell Leser.

Aber Wiederholungen können auch ein Mittel sein, um eine besonders eindrückliche Wirkung zu erzeugen.

Zeigen, nicht behaupten → Show, don't tell

Literaturhinweise

Elisabeth George: Wort für Wort,
Ein informativer Blick in die Werkstatt einer bekannten Krimiautorin, leichtverständlich, aber keineswegs seicht.

Sol Stein: Über das Schreiben, ISBN 978-3866711266, Autorenhaus
Das Standardwerk über das Schreiben

James N. Frey, Wie man einen verdammt guten Roman schreibt, Autorenhaus, ISBN 978-3924491321
Sehr motivierendes Buch über das Schreiben.

Diana Hillebrand, Heute schon geschrieben?, Dotbooks & Uschtrin, ISBN-13: 978-3-932522-18-5
Alles, was Sie schon immer über das Schreiben wissen wollten

Sylvia Englert, So lektorieren Sie Ihre Texte, Autorenhaus, ISBN 978-3866711051
Gutes Handbuch für die Überarbeitung.

Sibylle Knauss: Schule des Erzählens:
Wer sich für die Geschichte hinter den Geschichten interessiert, ist hier richtig.

Über den Autor

Hans Peter Roentgen beteiligt sich seit zwanzig Jahren an Schreibseminaren und Diskussionsforen. Beim größten deutschen Autorennewsletter »The Tempest« (www.autorenforum.de) war er von Anfang an dabei.
Daraus entstanden vier Schreibratgeber:
»Spannung - der Unterleib der Literatur«, »Drei Seiten für ein Exposé«, »Schreiben ist nichts für Feiglinge« und »Vier Seiten für ein Halleluja«, die alle zu Standardwerken unter den Schreibratgebern wurden.
Er coacht Autoren, lektoriert und beurteilt die Texte von Nachwuchsautoren. Für die Marburger Literaturkritik und für Literatur-fast-pur hat er über 500 Bücher besprochen. Im »Tempest« interviewt er Autoren, Lektoren und Literaturagenten, darunter Andreas Eschbach, Sebastian Fitzek und Ursula Poznanski, und bespricht die ersten vier Seiten und Exposés von Lesern.
Auf seinem Blog (https://hproentgen.wordpress.com/) finden sich zahlreiche Artikel über das Schreiben, Beispiellektorate von Klappentexten und Exposés und vieles mehr.
Im Verband der Freien Lektorinnen und Lektoren (VFLL) ist er mit Cordula Natusch Koordinator für die AG Digitales und Selfpublishing.
Er ist Mitglied im Verband deutscher Schriftsteller (VS), im Syndikat (Verband deutschsprachiger Krimischriftsteller).
Homepage: http://www.hanspeterroentgen.de

Danksagung

Allen, die mir bei diesem Buch geholfen haben, möchte ich natürlich herzlich danken.

Mareen Goebel, Alex Wichert, Sabina Lorenz, Andrea Lionne Hinz und Judith Rau, ihr habt euch nicht nur darum verdient gemacht, mich auf Logikfehler, unsaubere Formulierungen und Rechtschreibung hinzuweisen und das Manuskript mit kritischen Augen zu lesen, sondern habt mir auch Mut gemacht.

Maria Bosse-Sporleder, Andreas Eschbach, Klaus Frick, mit euren Werkstätten und Seminaren habt ihr mich ans Schreiben herangeführt.

Und euch allen, die ihr mich in Schreibgruppen, Foren, Emaillisten, Newsletter und offenen Lesungen begleitet haben, mit denen ich über eigene und fremde Texte gestritten, diskutiert, gekämpft und gearbeitet habe, euch allen gebührt mein besonderer Dank, auch wenn ich euch gar nicht alle namentlich aufführen kann, sonst würde das Buch doppelt so dick und der Verlag heftigen Einspruch erheben.

Lektorate & Kurse

Hat Ihnen dieses Buch gefallen? Wer möchte, kann seine Schreibmuskeln im Textkrafttraining weiter trainieren.

Sie können bei mir ein Schnupperlektorat buchen, das umfasst die Bearbeitung und Korrektur von 4 Normseiten (max. 7.000 Anschlägen). Infos finden Sie unter:

http://www.hanspeterroentgen.de/Schnupperlektorat

Oder möchten Sie Ihr Exposé begutachten lassen und überarbeiten? Ich biete Exposé- und Plotdiskussionen an, Infos unter:

http://www.hanspeterroentgen.de/exposediskussion

Wer lieber im realen Raum an Texten und Exposés arbeiten möchte, kann in einem meiner Workshops mit anderen Autoren über die eigenen Werken diskutieren:

http://www.hanspeterroentgen.de/workshops.

Weitere Angebote und Kurse finden Sie auf meiner Homepage: http://www.hanspeterroentgen.de.

Ihr *Hans Peter Roentgen*